逝く人・送る人
葬送を考える

いのちを見つめる 5

太田宏人
Hirohito Ota

三一書房

逝く人・送る人　葬送を考える……………目次

第4章　ペット葬とペットロス――社会に対して閉じられた死

第5章　「千の風」の時代のお葬式——弔いの心への回帰　191

◉編集協力 杉村和美（ワーカーズコープアスラン）
林 浩之（メディア・コンチェルト）
◉ブックデザイン 美柑和俊

プロローグ——死が始まるとき

父が死んだ。危篤の知らせを受けたのは深夜一時だった。

翌朝、実家に駆けつけると、すでに父は帰宅していた。父は自分の部屋で、久しぶりに自分の布団にくるまって寝ていた。病院に一カ月ほど入院していたから、さぞかしこの布団の寝心地はいいだろう。父の顔をのぞき込むと、嗚咽《おえつ》がこみ上げる。だが、なぜか泣けない。

愛憎、恩讐《おんしゅう》、いろいろあった父との確執のせいではない。父の死を悟ったある夜、集中治療室のなか、もの言わぬ父の横で何時間も泣いたことがあるが、あのときから感情が鈍感になってしまった気がする。

自宅に戻った父と対面してみると、父の表情はなんだか悔《くや》しいぐらいに「すっきり」していた。生きることのもろもろの苦しみすべてから解放されたのだろうか。

入院してからの日々、父には意識はほとんどなかったが、家族に頭をなでられると目を見開くことがあった。わたしは何年かぶりに甘える気持ちと冗談半分で、見舞いのたびに額を軽く、ぴしゃぴしゃと叩いていた。

その癖がついていたためか、つい、額に手を載せてしまう。だが、いつも掌《てのひら》で感じていた父の温《ぬく》もりは、そこにはまったくなかった。わたしの手を拒否するかのような予想外の冷たい感覚に、驚く。

頬も冷たい。手も、首も、なにもかもが冷たい。

部屋には線香の匂いが充満していた。父は、死んだのだ。そんなわかりきった事実を、何度も何度も頭のなかで反芻《はんすう》する。

枕元には線香の箱が置いてあった。しばらくそれを見つめてから、二本取り出して蠟燭《ろうそく》の火にかざす。そして香炉に差し、手を合わせた。

父に合掌するなどはじめてだった。なにか奇異な感じというか、妙に現実感がない。自分が悲しんでいるとは思うのだが、いまの自分が感じているこの感情が、自分が知っている「悲しい気持ち」と同じかどうかもよくわからない。わたしは、おかしくなってしまったのだろうか。

葬儀社は母が決めた。わたしが父と対面していると、ほどなく葬儀社の担当者がやって来た。背が高く、四〇歳前後に見える男性だった。彼と家族で式場のこと、葬儀の内容のこと、食事や花、料金についての打ち合わせを始めた。

ふわふわと浮かびそうになる思考を引き締め、気持ちを入れ替える。というのも、わが家で出した最後の葬儀は、もう二〇年も前のことだった。兄や妹、わたしにとって喪家《もけ》(喪に服する家)、つまり葬儀を出す家の一員として行動するのは、はじめての経験だ。

ただわたしは、葬儀や仏教の専門紙や雑誌の仕事をしているため、家族よりも、お葬式についての知識がある。僧侶や葬儀社にも知り合いが少なくない。むろん、取材する人間と彼らとの関係は、通常の喪家と僧侶・葬儀社との関係ではない。取材者は葬儀を外側から見る。当事者ではない。喪家は当事者であり、葬儀を施行《せこう》する主体である(だから「施主《せしゅ》」という)。

こういった事情から、家族の期待のようなものがわたしにかかっていたと思う。ただし、わたしは次男である。実家からも離れて暮らしてきた。わたしがひとりですべてを仕切ったわけではない。

母の選んだ葬儀社の担当者であるが、説明のしかたは、とくにわかりづらいということはなく、場数を踏んでいることを感じさせた。ただ、妙になれなれしい口調は我慢するとしても、どうにもやり切れなかったのは、時折、笑顔で葬儀の説明をすることだった。

なぜ、笑うのだろうか。なにが、楽しいのだろうか。彼が帰っていったあと、わたしは何度も父の顔を見た。むろん、笑えない。

葬式を出すことは家族で合意していたが、あの葬儀社に全面的に任せていいのか? という疑問が頭のなかに充満していくことを、わたしは抑えられなかった。そして案の定、葬儀社との葛藤が始まった。父を弔《とむら》いたいという気持ちよりも、「この葬儀社から父を護る」という意識のほうが強くなってしまっていた。だから、葬儀の司会も自分でやった。こんな会社のスタッフが司会をやって、葬儀司会の決まり文句である「人生とは儚《はかな》いものです……」とか、「たいへん立派な人生を……」とか、「いまや故人は安らかな眠りにつきました」などというマニュアルで決められた台詞《せりふ》を、したり顔で絶対に言ってほしくはなかった。彼らが、父の人生の何を知っているというのか。

信頼できない葬儀社のスタッフに、知ったふうな司会をされることほど、嫌なものはない。

この会社は埼玉県では大手であるが、一事が万事、無神経だった。

火葬場では同社の女性スタッフと揉《も》めてしまった。というのも、そのスタッフの接客の態度や会場の移動の指示の出し方が、あまりにも高圧的で、命令口調であり、非常に不愉快だったからだ。とくに、拾骨のときにやたらと急がされたときには、怒りを抑え切れなかった。しかも「心づけ」を半ば強要され、精神的に重度の疲労を覚えた。

世間では葬儀をやらないほうがいいとか、葬儀にはお金がかかり過ぎるとか、葬儀を否定する人が少なくはない。たしかに、この程度の「サービス」で一〇〇万円を軽く超える代金を払わなければならないというのは、現代の感覚からいえば納得できないだろう。社会・経済格差がますますはびこり、年収三〇〇万円時代などといわれる昨今である。仮に五〇〇万円の年収でもいいが、墓地まで購入するとなると葬祭費の合計は年収を軽く超えてしまう。これが、現代の葬送儀礼の一面でもある。

そして、僧侶の問題。布施を受けるに値しない僧侶が少なからずいる。釈迦の教えというか世の道徳規範からも逸脱し、「年収三〇〇万円」世帯にとっては夢のような金満生活を送る僧侶たちである。

このような葬儀社や宗教者と対峙《たいじ》することが葬儀の本質ではあるまい。葬儀とは、身近な者の死を受け止め、心からの祈りや弔いがあり、故人のいのちと、遺された者たちのいのちが向かい合い、共鳴を起こす時と場所であるはずだ。だが、喪家が葬儀で受ける疲労のほとんどは、金銭や段取り、対人関係といった俗世間的なものだ。葬儀から、心が奪われてしまったのだろうか。葬儀は、「いのちを見つめる」時と場所ではなくなってしまったのだろうか。

そもそも人は、なぜ葬儀という儀式を行ってきたのだろうか。葬儀には、いったいどんな意味や機能があるのか。葬儀の主役とはいったい誰であろうか。父の死をきっかけに、疑問は解決するどころか、逆に深まってしまった。

葬儀に関わるライターとして、そしてまた最近父を亡くした人間として、葬儀が持つ意味や癒しのちから、葬儀の原点を改めて問い直し、葬儀を行う理由について考えてみたい。

第1章

葬儀のちから

――弔いと癒しの時空間

◉コンサートに向かう人々？

青山葬儀所（東京都港区）で取材があり、最寄駅の地下鉄千代田線・乃木坂駅で下車した。二〇〇七（平成一九）年六月二七日の水曜日の朝のことだった。

改札を抜ける。地上の五番出口に進むには階段を登るのだが、なにかいつもの乃木坂駅の情景とは違う印象を受けた。不思議に思って周囲をよく見てみると、合点がいった。時刻は朝九時。この場所と時間には見慣れぬ客層の人たちがいて、しかもその数が少なくなかったからだ。

改札周辺には二〇～三〇歳代とおぼしき人たちが多かった。OL風の女性やスーツ姿の男性もいるが、所在なげに立っている彼らの姿は、通勤途中の人々のようには見えない。カジュアルな服装をしている人も見受けられる。男性も女性も、妙にそわそわしている。なかには、花束を抱えた女性もいる。明らかに、この場所になじんでいない人たちだ。

彼らがかもし出す風情《ふぜい》は、「この駅の近くで、これからコンサートが開かれる。コンサートに向かう人たちが、改札で待ち合わせをしている」というようなものだった。

だが、少し「変」なのだ。なぜかというと、この人たちの表情が、楽しいのか悲しいのか判別しかねるような、なにか不安定な表情だからかもしれない。しかし、眼にはちからが込められているように見える。なかには微笑している人もいたが、日本人は悲しいときでも微笑むことができるというから、彼らが楽しいとは限らないだろう。

つまり、楽しみにしているコンサートに向かう人の表情ではなかったし、このような時間に始まるコンサートというのも珍しい。

こういった人たちが、駅の階段を次々と登っていった。

地上に出てみると、わたしと彼らの歩く方向は、一緒であった。この先には葬儀場があるのだが、そこに向かうのだろうか。そこで、ようやく気づいた。この人たちとわたしの目的地は同じなのだ。

青山葬儀所では、ある芸能人を偲ぶ会が予定されていた。結果的に見れば、それはたしかに「コンサート」だった。むろん、出演者は生きてはいなかった。「ステージ」上の主役は、この日の一カ月前に死去していた。

◉坂井泉水さんを偲ぶ会

その人の名は、坂井泉水《いずみ》。本名は蒲池《かまち》幸子《さちこ》。歌手・作詞家で、音楽ユニット「ZARD」のボーカル。ZARDの名を知らなくても、大ヒットした「負けないで」という曲なら、男女を問わず、耳にしたことがある人は多いはずだ。かなり年配の人でも、この曲に勇気をもらったという人がけっこういるらしい。

坂井泉水さんを偲ぶ会は二日間にわたって行われた。形式は無宗教による音楽葬である。音楽葬というのは、この会を主催したビーング社(坂井さんの所属事務所)が案内文で使った言葉だが、葬儀業界のセオリーのようなものからは完全に逸脱した「偲ぶ会」だった。むしろ、コンサートに近い。

主催者によると、会葬者は約四万一〇〇人にものぼったという。この人数は、美空ひばりや吉田茂、尾崎豊らの葬儀の会葬者に匹敵するものだった。坂井さんの偲ぶ会について書かれたブログ(日記のような形式のwebページ)には「伝説」や「社会現象」という用語が使われていたが、たしかに前代未聞というか、尋常な人数ではない。

人数だけで前代未聞だったと判断しているわけではない。わたしは二日間、最初から最後まで、一部始終を見ていた。会葬者というか来場者は、それぞれのやり方で坂井さんに花を手向《たむ》け、別れを告げ、祈りを捧げていた。ある者は手を合わせ、またある者は坂井さんの歌を口ずさみながら。そしてまたある者は、ただ、流れる涙を止める術《すべ》を知らずに。全国各地から老若男女が集まった。ベビーカーに乗せられた赤ちゃんもいたし、高齢者もいた。

無宗教であったし、祭壇も会場のつくりも葬儀らしくはなかったが、数万人もの人たちが一心に坂井さんのために祈っていた。この弔いの光景は、なかなか見られるものではない。

彼らの全員がそうであったのかどうかはわからないが、少なくともわたしには、会葬者の大多数が、坂井さんを弔うことで逆に励まされ、慰められていたように見えた。

弔うことで慰められるということ。これは、葬儀の持つ機能のひとつなのかもしれない。弔いには、ちからがあるようだ。宗教家や学者たちは理論的に説明するが、葬儀社のスタッフのように現場に出ていれば、理屈抜きで、そのことを感じられるという。

では、「弔いのちから」とはなんであろうか。それを、無宗教で行われた坂井さんの「偲ぶ会」の当日の模様を通して、考えてみたい。

◉坂井泉水さんの急逝

坂井さんは一九六七（昭和四二）年二月六日生まれ。モデル等を経て一九九一（平成三）年に音楽ユニット「ZARD」のボーカルとしてデビュー。ミリオンセラーを連発し、作詞家としても活躍した。平成初期の日本を代表する女性歌手のひとりだった。

ただしここでは、坂井さんの経歴や出身地、ヒット曲の数々を詳しく紹介するつもりはない。紹介しないのは、なにも個人的な好き嫌いが理由になっているわけではない。好きや嫌いで言えば、どちらでもない。

ZARDというグループには固定メンバーはいなかったそうで、実質的に坂井泉水＝ZARDだった。だから、「彼女の曲」といっても差し支えないと思われるのだが、彼女の曲が伝えるメッセージは、世間によく知られているように、「いつまでも変わらないで」「昔のあなたが好きよ」「だからいまも頑張って」というものだ。大人になることや汚れていくことを否定しているようなメッセージに思えてしまい、どうにも感情移入できなかった。

坂井さんの音楽葬について書き始める前に、その前提として、彼女が亡くなってから偲ぶ会までの一カ月のあいだに起こったいくつかの出来事に触れておきたい。

まず、彼女の死は自然ではなかった。これは一時期、マスコミの格好のネタになっていたから、記憶に残っている方も多いと思う。

坂井さんは二〇〇六年六月から、子宮頸《しきゅうけい》がんで都内の慶應義塾大学病院に入院していた。いったんは症状がよくなって退院したこともあったが、その後の検査で肺への転移が見つかり、翌年四月に再入院した。ただ、抗がん剤による治療効果は良好だったそうだ。病室では活動再開に向けて作詞をしたり、スタッフと一緒に、三年ぶりのコンサートツアーについての打ち合わせを行っていたという。早朝の散歩も、日課になっていた。周囲の誰もが、彼女の明るい再出発を信じていたにちがいない。

訃報は、あまりにも突然だった。

五月二六日の早朝、普段着姿の坂井さんが病院内の駐車場で倒れているのが発見され、すぐに処置室へ運ばれた。

警察の調べでは、彼女は一般の人が立ち入らない非常用スロープ（高さ三メートル）から落ち、頭部を強打したらしい。翌日午後三時、手当ての甲斐なく死亡。四〇歳だった。死因は脳挫傷。

転落してから、一度も意識は戻らなかったという。当初の警察発表では「スロープの手すりを自分で乗り越えた痕跡があった」などと報じられた。遺書はなく、所属事務所のビーイング側は自殺的な要素を強く否定した。ただし、スロープの床から手すりまでは約一・二メートルもあるため、誤って転落したという説には無理があるようだ。

◉杞憂に終わる「死」の連鎖

自殺か事故か。真相はついに不明のままだった。ここで問題になるのは、過去、カリスマ的な人気を持つ芸能人が夭逝《ようせい》した場合、後追い自殺が発生していることだ。

坂井さんの死に影響を受け、生きる望みを一時的に失った人もいただろう。だが、彼女が死亡したスロープで後追い自殺するとか、遺書で坂井さんの死に言及するとか、そういう自殺はほとんどなかったようだ。

このことについてわたしは、坂井さんの他界の翌月に開かれた偲ぶ会(音楽葬)のときまで、ちょっと不思議に思っていた。坂井さんはマスコミへの露出が極端に少なく、神秘のベールに包まれた「カリスマ」だった。彼女の曲を生きる支えにしてきた人もいたはずだ。自死を推奨するつもりはないが、あまりにも自死が多い昨今のことだから、「後追い」は出るだろうと思っていた。だが、これは浅はかな考えだった。彼女に対しても、ファンに対しても、非常に失礼な考え方だった。

実際には、坂井さんの「死」が人々に波及し、いのちを奪っていくようなことはなかった。わたしはその理由を、青山葬儀所でやっと理解することができたのだった。

なお、五月二九日には通夜、翌三〇日には密葬が東京都町田市内の斎場で営まれている。さらに、ビーイング社の大阪と東京の事務所前に設置された献花台には、絶えることなくファンが訪れていた。献花台は五月三一日で撤去されたのだが、記帳者の数は合計で約一万人にもなったという。

この献花台は、撤去されなければその後何年も訪問者が続いたのではないだろうか。たとえば、一九九八(平成一〇)年五月二日に自殺したといわれるhideさん(ロックバンド、X JAPANのメンバー)の場合、葬儀の場所となった築地本願寺の本堂内には、二〇〇八年現在でもメモリアルコーナーが設置され、ファンの訪問が途切れていない。

坂井さんが所属したビーイング社では、献花台での献花・記帳の受付を終了する代わりに、音楽葬・偲ぶ会を開いた。社会に対するけじめの意味もあったのかもしれない。これも「葬儀」が持つ、重要な意義のひとつであると思われる。

会場となった青山葬儀所は、政官財界や法曹界、文化人や大物芸能人の葬儀が行われることで有名。ここで葬儀をすることは一種のステータスになっている。

ただし、青山葬儀所で行われる式の多くは社葬などの団体葬や偲ぶ会、もしくはお別れ会であり、いわゆる本葬は少ない。つまり、密葬等を済ませ、一カ月程度の時間が経過してから、社会に対してけじめをつけるために行われる儀式が多い、ということになる。

前にも書いたとおり、偲ぶ会は二日間であった。六月二六日は業界関係者向け、二七日は一般向けである。事前に報道各社に送られたビーイング社のニュースリリース(メディア向けの報道資料)によると、無宗教による音楽葬ということだった。

ニュースリリースに、主催者側の偲ぶ会に込められた思いがあふれている。以下、一般に向けて発表されたものを引用しよう(ビーイング社のホームページから)。


ZARDのボーカル/作詞家・坂井泉水さんは、一九九一年二月一〇日のデビュー以来今までずっと世の中の人々に歌を通して心の安らぎを与え続けてくれました。

一六年もの長い間音楽活動を続けて来られたのも、そして、これからも忘れ去られることのない歌を残すことができたのも、ZARDを愛し支えて下さったファンの方々を始め関係者の皆様のお陰です。

坂井泉水さんがご他界されたことはとても悲しいことではありますが、今までと変わらずその歌声で皆様を励まし、また心の支えとなっていくことを願ってやみません。また、それが坂井泉水さんの願いであると思います。

私共スタッフ一同としましても、その願いを大切にし応えるべく坂井泉水さんを偲び、下記の通り、ファンの方々や関係者の皆様と一緒に時間を過ごす『音楽葬』を催すことといたしました。たくさんの人々の心のなかで永遠に生き続けるZARDの音楽を感じ、坂井泉水さんの思いを共有できる催しにできればと思っております。

多くの皆様のご参加を心からお待ちしております。

ZARD／坂井泉水さんを偲ぶ会事務局

なかには、この偲ぶ会を評して、「葬儀の形式を使ったビーイング社の宣伝行為」という声もあったようだ。つまり、坂井さんの急死後に制作されたZARDのアルバムの宣伝のために、ニュースになるような大きなイベントをやった、という批判である。

だが、坂井さんの急死が報じられた直後から、ベストアルバム『Golden Best ~ 15th Anniversary ~』の売上は倍増し、六月一一日付のオリコンランキングで前週の三〇〇位圏外から一気に三位に浮上している。浮上までの一週間での売上は、四・一万枚という驚異的な数字を記録したのだ。オリコンランキングというのは、日本でもっとも信頼されるヒットチャート。これを見れば「いまどんな音楽が売れているのか」がジャンル別に即座にわかるというものだ。

つまり、坂井泉水さんを偲ぶ会を行わなければZARDの曲が売れないというほどの切羽詰まった状況ではなかったということだ。事実はまったく逆で、献花台で記帳する人は日に日に増えていっていたのだから。

◉会場全体で「坂井泉水」を表現

そして六月二六日、音楽葬の初日がやってきた。この日は業界関係者のために行われた。業界といっても音楽関係だけではなく、マスコミを含めた芸能関係や、ビーイング社や坂井さんと親交のあった各界の人々が対象だ。

わたしは朝から会場入りした。当日はあいにくの雨模様で、会場のどこもかしこもが濡れていた。正門から式場へ向かって、通常は敷地の左側に歩道があり、その右横は乗用車用のアプローチになっている。だが、「ZARD／坂井泉水さんを偲ぶ会」では、この青山葬儀所の「通常」という概念が完全に消滅していた。まず、正門には白亜の巨大なアーチがかかっていた。もう、これだけで青山葬儀所ではなくなっていた。どこか別の世界に来たようだ。

また、正門から式場までは無数の生花や、三メートルを超す白いパーテーションによって「道」ができており、歩道が花畑に変身していた。

花はおもに水色のアジサイと、水色と青のデルフィニウムが使われていた。花の清冽な色彩と、雨露を含んで儚げに揺れる花々が、坂井さんのイメージにオーバーラップしていた。

一方、純白のパーテーションには大きく引き伸ばされた坂井さんのジャケット写真が何枚も貼られていた。白と青の色彩は、坂井さんのお気に入りだったベスト・アルバム『BEST The

Single Collection ～軌跡～』に使われたジャケット写真の世界観を再現したものだという。会場のデザインは、コンサートなどの空間演出を行うステージデザイナーが手がけたそうだ。こういったパネルの使用法は、日々、抹香の香り漂う空間デザインに慣れた葬儀関係者にとっては、ひどく斬新なものに見えたことだろう。

後日、ある葬儀社の社長がわたしに語った。

「あれは青山（葬儀所）の構造を無視した使い方だった。それなら何もわざわざ、あそこでやる必要はなかったのではないか？」

その是非はともかく、当日の青山葬儀所は斎場とは思えない華やかさに満ちていた。とくに圧巻だったのは、式場外に設置された三六九インチ（画面サイズ＝四・六メートル×八メートル）の超大型モニター。二〇〇四年のコンサートツアーの映像を中心に、「揺れる想い」「負けないで」「マイ　フレンド」「この愛に泳ぎ疲れても」「来年の夏も」「きっと忘れない」などのヒット曲が大音量で、繰り返し流された。

建物の前面には、建物を完全に隠す状態で、二メートルを超す高さを持つパネルが設置されていた。巨大な屏風のようなその横長のパネルには、青い海と白い砂浜、砂浜をひとり歩く後姿の坂井さんの写真が全面にプリントされていた。これは、右記のベスト・アルバムのジャケットに使われた写真を引き伸ばしたものだ。

式場内は屋外とは違い、暖色系の生花と照明で彩られていた。椅子はすべて撤去され、一面、マリーゴールドやバラ、ランなどの花畑になっていた。

青山葬儀所の式場内の椅子は固定されたもので、その使い勝手の悪さは以前から有名だった。とはいえ、椅子を撤去するなど前代未聞だ。これまで、国民的英雄やら元首相やら、昭和の大物芸能人やら世界的大企業の創業者やらの葬儀やお別れ会などがここで営まれてきたが、椅子を取り外すなどという前例はなかったはずだ。

次に「祭壇」であるが、これにも度肝を抜かれた。赤や橙、黄色の生花で空間が仕切られ、そのなかには、坂井さんが生前愛用していたマイクやヘッドホン、譜面台、マグカップが実際に使われていた状態でセットされた。譜面台には「負けないで」の直筆の歌詞も載せられていた。この祭壇は、マスコミに露出することがほとんどなく、コンサートの回数も少なかった坂井さんが、芸能生活のなかでもっとも多くの時間を過ごした場所、つまり彼女が愛してやまなかったレコーディング・スタジオ「バードマン」の内部を再現したものだった。

祭壇の正面奥にも一面、生花が飾られていた。そこに、赤系と白系の生花で「ZARD」の文字が浮き彫りにされた。このZARDの文字の中央には、頬に手を載せ、正面を見つめる坂井さんの肖像写真が掲げられていた。これが「遺影」にあたるのだろう。

遺影の前面には、天使の翼のようなオブジェが設置された。遺影の坂井さんから「翼」が伸びているようにも見えるが、坂井さんの「昇天」を迎える天使たちの翼なのかもしれない。

祭壇の両側には二台のモニターが設置され、坂井さんの映像が流された。祭壇の手前には、東京と大阪のビーイング社の献花台で記帳された芳名帳（一五〇冊）やメッセージが並べられた。祭壇の右横にはZARDのシングルや歌集なども展示された。

使用された花は約二〇万本。通常、この規模の社葬で使用される生花は、一万本前後が目安とされる。式場外にも生花を使用したとはいえ、今回の二〇万本という数は破格だ。献花には、坂井さんがもっとも好きだった花（カラーのクリスタル・ブラッシュ）が使われた。

坂井さんが展覧会などでの絵画鑑賞を趣味にしていたこともあり、建物の入り口から式場を結ぶ回廊は、表情豊かな坂井さんの写真パネルを数多く展示。美術館でのディスプレイをイメージしたという。回廊に囲まれた中庭も花畑になっていた。坂井さんは、花が好きだった。

◉黙々と並んでいた人々

二六日の偲ぶ会は、午前一一時三〇分から午後三時まで行われた。弔辞や挨拶、黙禱《もくとう》などはなかった。粛々《しゅくしゅく》とした雰囲気のなか、散発的に献花が続いた。式場の外では、坂井さんの歌う姿が大画面に映し出され、坂井さんの歌声がエンドレスで流れていた。

式場内のお花畑（もともと椅子があった場所）には、中央の通路を挟んで二つのスペースが設けられており、二組の弦楽四重奏団が配置され、坂井さんの曲を交代で奏でていた。

初日の印象は、どちらかというと「静かな」ものだった。主催者の発表によると、会葬者は約七〇〇人というから決して少ない数ではないが、通常の葬儀やお別れ会のように、会葬者が短時間に集中したわけではない。四時間近い間隔で分散されたため、混雑はしなかった。

二日目は一般向けである。主催者側スタッフや葬儀関係者、そして取材者など、初日に関わった人たちの多くは「明日は、もっとたくさん人が来るだろう」と予測していたと思われる。だが初日と違い、午前一〇時から午後七時までと会葬時間が長いため、多数のファンが詰めかけても、大混雑にはならないと思われた。しかもわたしは「会社帰りの人がたくさん来るだろうから、ピークは夕方以降ではないか？」などと暢気《のんき》に考えていた。だが、早い人は門の前で徹夜までしていたそうだ。

二七日は、前日とは打って変わっての晴天だった。初日に降った雨が蒸発し、湿度は六〇％を超えた。三〇度近い気温が、実際の気温以上に暑く感じられた。

開会は一〇時の予定だった。わたしが乃木坂駅に着いたのは九時過ぎ。駅で見た光景は、先に書いたとおりである。青山葬儀所へ向かって歩き出すと、人垣に阻まれてだんだん進めなくなる。門の周辺にはおそらく何千人という人々があふれていた（あとでスタッフに聞いたら、四〇〇〇人くらいいたという）。ほとんどの大人は仕事を休んできたのだろう。なかには制服を着た中学生や高校生もいたし、学生のような人たちもたくさんいた。

正門前の人が車道にもあふれそうになり、葬儀所とは関係のない人が、歩道を通行できなくなっていた。そこで、「早く開門しなさい」と警察が指示を出したそうだ。主催者側は予定時間を繰り上げて開門することにした。

前日とは違い、式場前の駐車場はプラスチックのチェーンとポールによって、順番待ちの会葬者が「つづら折」の状態になるように順路ができていた。遊園地などで見る、順番待ちの通路だ。そこへファンは通された。彼らは黙々と並び、一〇時の開式を待っていた。

この「つづら折」の横には、会葬者たちを見守るかたちで、例の巨大モニターがあった。会葬者はつづら折を徐々に進み、坂井さんの歌を聞きながら、献花の順番を待った。開式前、順番待ちの列は会場の外まで数珠《じゅず》つなぎになっていた。

◉会葬者の祈りを包み込む坂井さんの歌声

偲ぶ会は予定どおり、一〇時に開始された。

取材陣は、基本的には大型モニターの横に設置された取材ブースから、人の流れの写真を撮ったり、観察したり、献花を終えて式場を出てきたファンに対して、ブースのなかからマイクを向けるしかなかった。ただし適宜、式場内での取材が許された。前日、優しい音色を響かせていた弦楽四重奏団は、この日はなかった。その代わり、式場内では坂井さんの曲がＢＧＭとして使われていた。映像と音は祭壇の両脇のモニターから流れていた。

献花に訪れたファンたちで、祭壇前は人があふれていた。

坂井さんを偲んで、祭壇前で献花をする人々。

「泉水さん、ありがとう！　さようなら！」と慟哭《どうこく》する人や、BGMに合わせて口ずさみながら花を捧げる人、「遺影」を見つめる人、笑う人、無表情な人、何かの決意を感じさせる笑顔を坂井さんの写真に向ける人、中学生くらいの少女と母親の親子連れ、スーツ姿の年配の男性サラリーマン、ただ涙を流して手を合わせる三〇代くらいの女性、神社の前で力いっぱい拍手《かしわで》を打つごとくに合掌をする男性など、遺影を前にした会葬者の反応はさまざまだった。

ただし、わたしが見た限りでは祭壇前が阿《あ》鼻叫《びきょう》喚《かん》の修羅場《しゅらば》になることはなかった。それぞれがそれぞれの方法で祈りを捧げたり、坂井さんの冥福《めいふく》を祈ったりしてから、黙々と出口に進んでいくのだった。

この整然さはある意味ですごいことではないかと思う。この日だけで何万という人が会葬したわけだが、目立った混乱もなく、人の流れはスムーズだった。日本人がロボットのようだということではなく、みなが「葬儀」であるということを自覚していたのだろう。厳粛さが保たれていた。形式こそ型破りであったが、やはり、まぎれもなく葬儀だったのだ。ただし、多くの人の心のなかに、その後も坂井さんは生き続けているそうなので、この日は「生ける坂井さんとのお別れの儀式」だったのだろう。

無宗教葬ではあるのだが、手を合わせる人が多かったことも特筆に価すべきだろう。やはり、こういう習慣は日本には根強く残っているのだと実感する。

どちらかというと、昼すぎまでは学生が多く、夕方以降はサラリーマンやOLが多かったようだ。年代的には、二〇~四〇代の人が中心だったが、親子連れ、五〇もしくは六〇代と思える男女、さらに高齢者もいた。

坂井さんは、老若男女に深く愛されたのだと思った。それはとりもなおさず、坂井さんの歌に大切なものをもらった老若男女がいかに多かったかということなのだろう。代表曲「負けないで」は一九九三年にリリースされた。これはもともと、受験生に対する応援ソングだったらしい。だがバブル崩壊後、未曾有の閉塞感に落ち込む日本全体を励ましたといわれている。

坂井さんは、「若者だけのアイドル歌手」ではなかった。

◉弔いと癒しが同居する葬儀の原点

大型モニターが設置されていたのは、「つづら折」の最終地点の前の場所である。

会葬者はデジカメや携帯のカメラで、モニターのなかの坂井さんを写し、そして建物内に入っていった。モニターに向かって（歌う坂井さんに向かって）手を合わせる人も少なからずいた。「歌う生き仏」、もしくは「動く遺影」といったらファンに叱られるだろうか。しかし、追悼コンサートで故人の映像が流れたからといって、その映像に向かって手を合わせる人は、ほとんどいないだろう。だからやはり、坂井さんの音楽葬は、ここ（青山葬儀所）でなければならなかったのだと納得する。「斎場」でなければならなかったのだ。都内の埋立地や、どこかの球場で行われていたら、この雰囲気がどこまで出ただろうか。

この日、場内アナウンスでは、個人的な献花や香典を辞退することが伝えられていた。が、「持ってきていただいたものを突き返すわけにはいかないので」（会場スタッフ）、ファンが持参した花束は、大型モニターの前面の台に載せられた。夕方に花束を数えると一〇〇は軽く超えていた。メッセージカードや色紙、坂井さんの肖像画などもあった。これらがぎっしりと並べられたモニターの前の台は、いつしかまるで「祭壇」のようになっていった。

色紙には、坂井さんへの真心のこもったメッセージが綴られていた。内容は感謝を伝え、冥福を祈るものだった。社葬などで聞かされるだらだらと長い弔辞よりも、ずっと心に響く「弔辞」だった。

ここ（斎場）には「遺影」や「祭壇」があった。なによりも真剣な祈り、そして弔いがあった。携帯電話で撮影する人が多かったのは世相というか時代を反映しているわけだが、ここには

「葬儀」に必要なすべてが具《そな》わっていた。

宗教者は「祈《き》禱《とう》がない」とか「お経がない」といって反論するだろうか。いや、祈禱文は存在した。それは坂井さんの歌声だ。この歌声が、弔う者たちの心に響いていた。坂井さんの歌声は、とぎれることなく、会場に響き渡っていた。

心にしみこむ坂井泉水さんの澄み切った歌声。それは、大いなる癒しだった。少なくとも、この場に居合わせた多くの人にとっては、宗教的な祈禱の言葉よりも、癒しのちからを彼女の歌に感じたはずだ。

負けないで　もう少し
最後まで走り抜けて
どんなに　離れてても
心は　そばにいるわ
追いかけて　遥かな夢を

負けないで　ほらそこに
ゴールは近づいてる
どんなに　離れてても

心は　そばにいるわ
感じてね　見つめる瞳

「負けないで」
坂井泉水作詞、織田哲郎作曲
（JASRAC出　0801222-801）

不思議なことに、モニターから流れる坂井さんの数々の歌は、まるでこの日の会葬者を包み込み、励ますためにつくられたのではないかと思えるような歌詞だった。なんの違和感もなく、「坂井泉水さんを偲ぶ会」にふさわしいフレーズが並んでいた。

たとえば「揺れる想い」という曲では、〝淋しい季節がどれだけやってきても、これからもときめきは抱きしめていたい〟とか、「マイ　フレンド」では、〝あなたを想うだけで、わたしの心が強くなり、ずっと見つめている〟という。「きっと忘れない」という歌のサビはずばり、〝きっと忘れない〟。会葬者が坂井さんを忘れない、ということでもあり、遠くへ旅立つ坂井さんが、ファンに向けて「あなた・あなたたちのことは、きっと忘れないよ」と、メッセージを送っているようでもあった。

文字にすると情感が伝わりにくいが、当日の青山葬儀所では、モニターの画面の中から「会葬者」を見つめ、こういった歌詞を熱唱する坂井泉水さんの動く姿があった。それが何時間も、エンドレスで流されていた。

いつしかあたりは暗くなっていた。すると、モニターは相対的に輝きを増した。歌う坂井さんの姿は、ますます光り輝いていった。

すっかり日が暮れても、会場を訪れる人は一向に減る気配がなかった。そればかりか、献花を終えても帰らない人たちが通路にとどまり、遠くから野外モニターを見つめていた。その数は、だんだん増えていった。

「ZARD／坂井泉水さんを偲ぶ会」は、当初は夜七時で終了する予定だった。しかし来場者が続いたため、大幅に時間が延長された。

人波が途絶えたのは、時計の針がようやく八時三〇分を過ぎたころであった。すると、会場スタッフが総出で、大型モニター前のチェーンとポールの撤去を大急ぎで開始し、モニター前のスペースを、ファンのために開放したのだった。

献花後にも会場を離れなかった人たちは、それぞれモニター前に集まってきた。みな、静かに歩いてくる。走るような人はいない。あくまでも葬儀の場。そんな自覚があったかどうかは知らないが、みな、いよいよ迫った「終幕」を予感し、悲しみをともなう快感(カタルシス)をかみしめていたのではないかと思う。

主催者によれば、モニター前に集合した人は三五〇〇人だった。彼らはモニター前に集合すると、ほぼ無言で坂井さんの映像に見入っていたが、何曲か過ぎるころ、自然発生的にファンの間から合唱が起こった。その場所は、いつしか、ビデオコンサートのような雰囲気になっていった。散発的に手拍子が起こる。

そのうち、ビーイング社のスタッフが手拍子を始めると、ファンの手拍子にも力が入っていった。ビーイングによる演出といってしまえばそれまでだが、そこまでうがった見方をする必要はないだろう。というのも、彼らの表情は真摯《しんし》そのものだった。スタッフもファンに混じって、坂井さんの歌声に合わせ、歌詞をいとおしむように合唱していた。その姿が印象的だった。

偲ぶ会のクライマックスは、野外モニター前のビデオコンサート。

「揺れる想い」や「負けないで」で合唱の声は大きくなったが、後日報道されたように、決して「大合唱」は起きなかった。坂井さんの優しい歌声を、掻き消すようなことはなかった。

最後は、「負けないで」で締めくくられた。

万感胸に迫る拍手がわき起こったが、やがてそれも消えた。閉会を告げるアナウンスが流れると、急に静寂が訪れた。青山葬儀所は、夜の九時二〇分になっていた。会葬者は三々五々、帰路についた。この静寂と虚脱感と高揚感と感傷的な精神状態は、まさしくコンサート終了後のそれだった。

電源が切られると、モニターの画面は真っ黒になった。坂井泉水さんはもういない。彼女は、この世を去ったのだ。だが会葬者の心には、坂井さんの存在がしっかりと焼き付けられたに違いあるまい。坂井さんを失った心の闇に照射された強烈な光線。それが、この日の音楽葬だったのではないだろうか。

彼女の死は、悲しい出来事であった。だから、会葬者は彼女との別れに涙した。喪失の痛みは尋常ではなかったろう。だが会葬者は涙を流しただけではなかった。笑顔を湛《たた》える人も少なからずいた。会葬者は彼女を弔いながら、癒しを受けていたのだ。冥福を祈りながら、励まされていたのだ。与え・与えられる関係が、この場所にはあった。

坂井泉水さんは、死んだ。しかし、いまもなおこの世界に居《い》て、人々を励ましていた。死んでしまえばあとは何もない、というのは西洋的な考え方だそうだが、少なくともこの日の会葬者たちにとっては、そうではなかったに違いない。

彼女の死の背景や真相などはわからないが、もしも坂井さんが死を悟っていたとして、彼女の葬儀で会葬者が逆に勇気づけられるという状況を、彼女は予想していただろうか。

勝手な想像だが、歌で何百万、いや何千万もの人々を励ましてきたであろう坂井さんにとって、この日の光景はまさに本望だったのではないだろうか。たしかに、葬儀の常道からは逸脱したものだった。しかしある意味で、この音楽葬に葬儀の原点を垣間見たような気がした。

湯水のごとくお金をかけたり、宗教者を何十人も呼んだり、ゴージャスさが前面に出ていたりと、そういう葬儀・セレモニーであることが、弔いや葬儀に「ちから」を持たせる条件ではないと思う。形式や内容よりも、大事なことはほかにあるのではないか。

会葬者の数も、あまり重要ではないと思われる。社葬やお別れ会のようなセレモニーでは「会葬者」は多い。だがその大半は、「会社や組織のつきあい」といった社会的な理由で参加している。「故人を弔う」という切実なる思いを抱く人は、少ない。

大切なことは、葬儀の場に弔いの心がどれだけ充満しているかどうかではないだろうか。

◉弔いの心を忘れた葬儀が増えている

『SOGI』という隔月刊の雑誌がある。読者対象は、おもに葬儀社や葬儀関係の互助会の人々、研究者、葬儀の周辺業種の人たちである。編集長の碑文谷創《ひもんやはじめ》さん（葬送ジャーナリスト）の指揮のもと、「文化」としての死や葬祭のありようを問い続ける雑誌だ。

お葬式が原点を忘れ、単なる死後のセレモニーになってしまうなら、それは虚礼となる。原点を失って、セレモニーだけが一人歩きしているように感じると、それは虚礼に映ってしまう。（中略）現状の「お葬式」を虚礼であると感じて、「お葬式をしたくない」と考えている人は、お葬式そのものを否定しているのではない。現状のお葬式の様式が自分たちが考えるお葬式とは異なる、と言っているのである。

（碑文谷創『死に方を忘れた日本人』大東出版社）

碑文谷さんが鋭く警鐘を発するように、原点を欠き、時流に左右されるだけの葬送が増加しているようだ。それでは「単なる死体処理」であると、碑文谷さんは言う。そういった「最後の別れ」では、人の死を悼み、死を受け入れ、弔い、癒されることなど望みようがない。

では葬儀の原点とは何だろうか。そのひとつの答えを、わたしは坂井泉水さんを偲ぶ会ではっきりと目撃したということは、すでに述べたとおりである。ただし、すべての葬儀でそういった「原点」や「葬儀のちから」を体感できるというわけではない。とくに、社葬とかお別れ会とか、有名人のその類《たぐい》のものでは、それを感じることは少ないようだ。

お別れ会を含むこういった「葬儀」は、社会に対する〝けじめ〟という性格をもっているため、どうしても「第三者に見られること」を前提にしている。家族や関係者による密葬を先に済ませている場合が多いから、なかばイベントと化しているといえなくないケースもある。だから、心に迫るものがないのかもしれない。

無宗教で行われた「宮本邦彦警部公葬」（二〇〇七年三月二〇日）も、そのひとつであったような気がする。その葬儀の場に、弔いの心や癒しのパワーは希薄であった。胸をかきむしられるような喪失の痛みよりも、式の「見え方」が目に付いた。

さらにもうひとつ。長崎県佐世保市で発生した小六女児殺害事件でいのちを失った少女を追悼する「御手洗怜美《みたらいさとみ》さんとのお別れの会」(二〇〇四年七月一八日)。こちらは、弔いの心に満ちたお別れ会だったのだが、一部の会葬者の態度がかなり異常であり、やりきれない思いにさせられた。無論、この二つの式だけを非難するつもりはない。腑に落ちない何かを感じた葬儀・社葬・お別れ会はほかにも多数ある。

あらかじめ断っておくが、故人であるお二人とご遺族に対して何かを言うつもりは毛頭ない。お二人のご冥福を心より願うものである。葬儀・お別れ会の良し悪しを論じるつもりもない。そもそもそういう判断は、主催者や会葬者が下すことである。ここで考えたいのは、葬儀の原点は何か、という一点だ。

◉ハリウッド映画のようなセレモニー

二〇〇七年二月、警視庁板橋警察署の宮本邦彦巡査部長が殉職した。同月六日、東武東上線ときわ台駅(東京都板橋区)付近の踏み切りに、錯乱しながら何度も立ち入った女性を「身を挺して」守ったものの、自身は電車と接触して重傷を負い、運ばれた病院で同一二日、死亡したのだ。彼は五三歳だった。死後に二階級特進して警部になった。

二月一四および一五日には、宮本邦彦さんの通夜と葬儀・告別式が板橋区内の斎場で執り行われた。同僚のほか約五五〇人の一般市民も訪れた。

三月二〇日には、殉職警官に対する公葬が、青山葬儀所において無宗教で行われた。宮本さんの負傷後には、彼が勤務した交番にいくつもの千羽鶴が届き、一万件を超える激励の電子メールが板橋署に届いたほか、叙位(正七位)と叙勲(旭日双光章)、そして東京都知事顕彰が遺族に伝えられた。通常、殉職警官の公葬では一般の会葬は受け付けないのだが、今回は社会的な反響の大きさが考慮され、特別に許可された。

遺族や警察関係者など関係者約二二〇人、一般会葬者が約一二〇〇人訪れ、宮本さんに別れを告げた。式では弔辞が多く、それぞれが長かった。無宗教葬の場合、お経などがないので間が持たない。よって、弔辞が長くなる傾向があるのだろうか。

安倍晋三総理大臣(代読)、溝手顕正国家公安委員会委員長(代読)、大西勝也東京都公安委員会委員長、漆間巌警察庁長官、石原慎太郎都知事らがそれぞれ、宮本さんの生前の職務ぶりと殉職を讃えた(役職はすべて当時のもの)。

全体的な印象であるが、弔事の内容はほとんど同じだった。いわく、君に警察官の本分を改めて教えられた、君は真の警察官だ、身命を賭して他者を救った、都民・国民の治安維持にいのちを賭けた、我々は君の遺志を受け継ぐ、などなど。弔辞を読んだ(原稿を書いた)人たちがみな、思いを同じくしていたのだろうか。そうではあるまい。この、切迫感のなさがなによりの証拠だ。きれいごとばかりで、感情があまり伝わってこないような弔辞が続いていた。

「宮本よ、そんな錯乱女性なぞ線路の向こうに投げ飛ばしてしまえばよかったんだ！　お前みたいないい奴が死ぬ必要なかったんだ！」など、心からの悲痛な叫びが行間からにじみ出てくるような弔辞があってもよさそうなものだったが、その類の弔辞は、皆無であった。

公葬のクライマックスは、警察音楽隊の葬送行進曲の生演奏や御霊《みたま》退場である。御霊退場というのは、葬儀のために運び込まれた遺骨を式場外へ「搬出」する儀礼のことである。

この日の御霊退場は、以下のようなものであった。青山葬儀所の車寄せから門まで警官が整列して「道」をつくり、警察音楽隊による葬送行進曲が奏でられるなか、警官の敬礼に見送られて、宮本警部の遺骨と遺影を載せた霊柩車がその道をしずしずと通り、式場外へと去っていったのだった。

まるで、ハリウッド映画のワンシーンを観ているかのようだった。だが、完璧に「演出」された葬儀に、なぜか違和感を感じてしまうのだ。計算ずくの葬儀のなかで、死んだいのちの重みを受け止めることはできるのだろうか。真摯な弔いなき葬儀に、癒しはあるのだろうか。どうも答えは「否」であるようだ。極論すれば、葬儀におけるこういった整然さというものは、不自然な感じを与えることになりはしないだろうか。

「弔い」の原風景というものがあるとしたら、そのなかには「あわただしさ」というキーワードも入っているような気がする。喪主などの当事者になれば誰もが経験することだと思うが、葬儀というものは、準備をする時間など充分に確保できないことが多い。死亡から葬儀までの時間は短く、非常にあわただしい。

お金を惜しまず、あらゆることを業者にやらせれば、「完璧に整った」葬儀も可能かもしれない。しかし、なぜ葬儀に完璧さを求めるのだろうか。他者からの視線にさらされることを意識するからだろうか。この点だけ考えても、密葬もしくは家族葬や、病院から火葬場（もしくはどこかの葬儀社の斎場）へ直行し、葬儀を営まずに火葬だけ行う直葬《ちょくそう》など、第三者の会葬に対して門戸を開いていない葬儀の方式に人気が集まるのも、無理はない。むろん、こういった小規模な葬儀や直葬が求められる背景には、ほかの要素もあるのだが、それは後述したい。

人の目を気にして行う葬儀は、大なり小なりの「演出」が入る。葬儀で重要な役割を担ってきた宗教者が不在もしくは無力化した昨今、度を超えた演出が、葬儀をショービジネスのようにしてしまうことさえある。

◉お別れ会でピースサインをする児童たち

佐世保で起こった小六女児殺害事件（二〇〇四年六月一日）は、残忍な少年犯罪が横行する昨今にあっても、小学校内で小学生が同級生をカッターナイフで刺殺するという痛ましさが際立つ事件であった。

事件発生の翌月、被害女児を追悼するお別れ会が佐世保市の公民館で行われた。会の名前は「御手洗怜美さんとのお別れの会」（同年七月一八日）。これも無宗教だった。

お別れ会のなかで被害者の父親が語ったところによると、この会は「事件から一カ月がたち、父親としての自分の気持ちに整理をつけるため」「同級生たちに死を受け止めてもらうため」という思いを背景に開かれたそうだ。

彼がこれらの言葉を語ったとき、胸が締めつけられる思いがした。加害女児やその親、加害女児を生み出した教育環境などを考えれば、胸が張り裂けるような衝動もこみ上げたであろうが、彼は、感情を抑制させながら語っていた。その姿は、悲愴感に満ちていた。

それとも、この時点の彼には、生きている実感があまりなかったのだろうか。いずれにしても、自分の気持ちの整理のためだけではなく、わが子の同級生たちのためにも、こういった会を開いて公衆の面前に出ることをあえて決断したことは立派だと思う。

だが、残念なことが起こってしまった。それは、肝心要《かんじんかなめ》の同級生たちが起こした。この日も取材陣は殺到したのだが、カメラに向かってピースサインを送ったり、カメラに向かってはしゃいでいる児童たちがいたのだ。

献花は、怜美さんが大好きだったひまわりであった。大半の同級生、とくに女の子は献花しながら泣きじゃくっていたし、学校関係者や同級生の親たちも沈痛な表情をしていた。怜美さんに別れを告げながら、このような事件を二度と起こしたくない、起きてほしくないという気持ちを胸に献花をした人々が大多数だったに違いない。

　坂井泉水さんを偲ぶ会のように、会葬者が直接的に癒されたり、勇気づけられたかどうかはわからないが、この日の会葬者も、この世を去った怜美さんからきっとなにかの贈り物を心にもらっていたのではないだろうか。だから、父親がわが身を切り刻む思いをしてまでこの会を開いたことは、語弊がある言い方かもしれないが、とても意義深い行為であったと思う。

◉死を軽くしてしまうマスコミ

　一部の児童の反応は残念だったが、もっと残念なのは、取材陣の服装と態度だった。

　まず服装であるが、とにかくカジュアルなのだ。被害女児の父親が大手新聞の記者という関係で、このお別れ会を主催したのは、その新聞社だった。

　お別れ会を担当した新聞社の人に聞いたのだが、取材の申し込みがあった時点では事前に、「ふさわしい服装での取材」を申し伝えていたという。

　ジーパンをはいているカメラマンはもはや葬儀現場では常識だが、この日は雑誌記者らしいジャージ姿の女性がいた。ジャージはないだろう(といっても、最近取材したある芸能人のお別れ会では、ついに、かかとの見えるサンダル履きのカメラマンを目撃した)。

　ロビーでは、新聞記者たちが胡坐《あぐら》をかいて座り込み、ノートパソコンをパコパコ叩いていた。

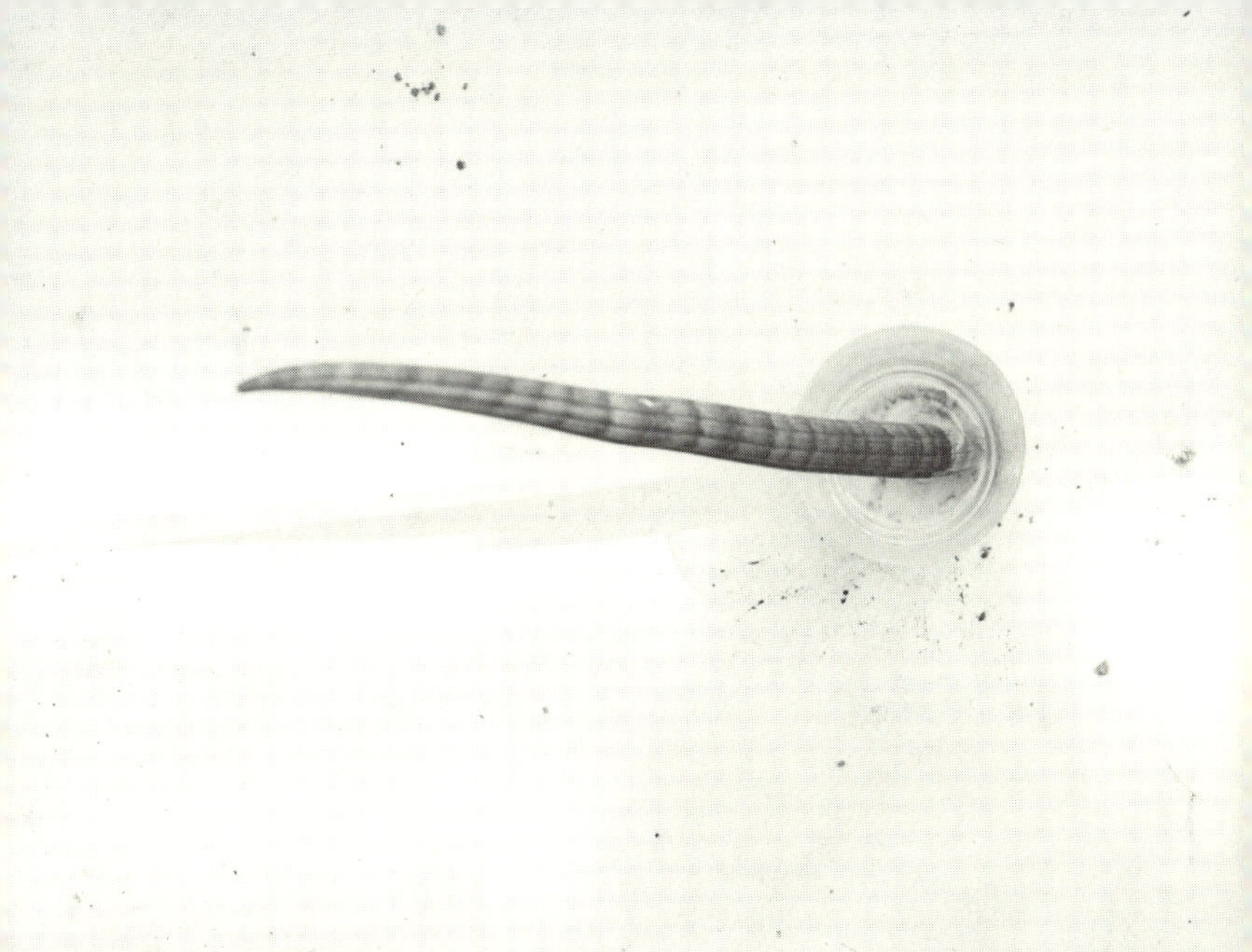

シリーズ いのちを見つめる

全6巻

〈死〉を見つめることは、
〈いのちとは?・〉の問いに
向き合うこと。

三一書房

Photo by Satoshi Nagare

1

介護施設で看取るということ

介護施設は、お年寄りの終《つい》の住《す》み処《か》になりえるのだろうか。「ここで死にたい」というお年寄りの願いに応え、看取りをしてきた介護施設がある。これらの施設での最期まで寄り添う看取りの実情をレポートし、逝く者と看取るもの、そして家族との関係性を探っていく。

甘利てる代

あまり・てるよ　ノンフィクションライター。女性、高齢者を主なテーマに取材活動をしている。取材で訪れた高齢者施設や宅老所は約180カ所。ホームヘルパー・介護相談員・東京都福祉サービス第三者評価者。著書に『かく闘えり』（新水社）、『高齢者ケアの達人たち』（CLC）、『私も入りたい「老人ホーム」』（NHK出版）など。

2

自殺したい人に寄り添って

九年連続で三万人を超える自殺者を出している日本社会の中で、たくさんのいのちが叫び声を上げている。私たちは、そのいのちの叫びを聴いているだろうか。どうすれば失われていくいのちを守ることができるのだろうか。死にたい人に寄り添い、いのちのケアを担う人たちをリポートし、あわせてそれらの問いも探っていく。

斉藤弘子

さいとう・ひろこ　ノンフィクションライター。駿台トラベル＆ホテル専門学校、東京福祉保育専門学校非常勤講師。著書に『心をケアする仕事がしたい！』（彩流社）、『Q＆A老いと死を迎えるための基礎知識』（明石書店）、『器用に生きられない人たち』（中央公論新社）、『がんになったとき　選ぶ力　生きる力』（共著、春秋社）など。

3

在宅ターミナルケアを地域で支える

現在、死亡者のうち自宅で亡くなる人は一割強。一方、「終末期をどこで過ごしたいか」という問いに「できるだけ自宅で」と答える人は約六割（厚労省調べ）。死亡者の半数は、望まぬ場所で死を迎えているのだろう。「家で死にたい」という思いに寄り添い、地域ホスピスケアに関わる人々をリポートし、家族と地域、世代をつなぐ思いの軌跡を描く。

松田容子

まつだ・ようこ　ノンフィクションライター、編集者。女性の生き方や女性の体の問題をテーマに、妊娠・出産から育児・教育、医療・健康・介護などのほか、歴史ルポ、人物ルポの分野でも雑誌・書籍の執筆と編集を手がけている。共書に『江戸東京たてもの園物語』（発行元：東京都江戸東京博物館）など。

4

遺された人びとの心の声を聴く

中島由佳利

「大切な人の死」を経験した人たちがいる。ある人は病気で、またある人は事故や事件で、さらに近年、急激に増えた自殺によって。「大切な人の死」に直面すると、人はいったいどうなってしまうのか。遺された人たちの声に耳を傾け、また、その悲嘆を支える仕事に携わる人たちから話を聴いて、「大切な人の死と向き合う」ことの意味を探っていく。

なかじま・ゆかり　ノンフィクションライター。子育て・教育関連、在日外国人・入管難民問題、音楽・映画などを中心に取材、執筆している。著書に『新月の夜が明けるとき　北クルディスタンの人びと』（新泉社）など。

5

逝く人・送る人　葬送を考える

太田宏人

昨今の葬儀をめぐるかまびすしい報道の興味は、葬儀の形式や金銭に関する表面的なことばかり。だが、大切なのは「弔う気持ち」ではないだろうか。葬儀に関わるさまざまな立場の人々をレポートし、いのちと向き合う場としての葬儀の意味を考える。

おおた・ひろひと　ノンフィクションライター。終末医療、葬儀、宗教、移民などをテーマに取材・執筆活動を展開している。主な媒体は『SOGI』（表現文化社）、「仏教タイムス」（仏教タイムス社）、『季刊 海外日系人』（財団法人海外日系人協会）など。著書に『知られざる日本人 南北アメリカ大陸編』（オークラ出版）など。

別巻

いのちとの対話

読者とのコラボレーションによって、これからのいのちのケアのあり方を探る。

シリーズ『いのちを見つめる』刊行にあたって

一九六〇年代の高度経済成長を経て以来、家族の〝姿〟は大家族から核家族へと大きく変化してきました。こうした時代にともなう変化、さらに医療の進歩も相まって、いま多くの人は「産む」ことも「死ぬ」ことも、日々の暮らしとはかけ離れた病院で迎えています。言い換えれば、〈生〉と〈死〉を生活の場で見つめる機会が少なくなっているのです。

この一方で、インターネットやコンピュータ・ゲームの世界では非現実的な〈いのち〉がはびこっています。まさに〈いのち〉のリアリティが失われつつある時代に私たちは生きていると言えます。

しかし、誰にでも〈死〉は確実に訪れます。〈死〉を見つめることは〈生〉を考えること、いまを〈生きる〉ことではないでしょうか。だからこそ、古来からの警句「メメント・モリ（死を想え）」を受け止めるべき時なのだと思います。

本シリーズの筆者たちの思いは、〈いのちを見つめ、寄り添う〉人びと、〈死〉にかかわる現場の〝第一線〟にいる人たちにスポットを当て、そこから浮かび上がってくる〈いのち〉との向き合い方を、読者の方々とともに考えていくことにあります。

現在は、施設や自宅で死を迎える人も少しずつ増えています。ひとり暮らしや高齢者世帯などのように家族のかたちが変わるにつれ、コミュニティの機能と役割も変容し、さまざまな地域で、介護から看護さらに看取りへとつながる新しい結びつきの試みがなされています。

また、増え続ける自殺は重大な社会問題となっています。いじめによる十代の若者たちの自殺、過重労働とストレスによる過労自殺、リストラによる失職や借金・経済苦による中高年の自殺、介護疲れや孤独・不安による高齢者の自殺などがあとを絶ちません。さらに、大切な人を失った遺族の悲嘆には計り知れないものがあります。遺された人たちの心のケアも、重要な問題になってきています。

葬儀のあり方も変化してきました。かたちは違え、太古から繰り返されてきた死者との別れの儀式。そこには、遺された者たちが心の平穏を取り戻し、再び生きることを考えるようにという、死者からの「いのち」のメッセージがあるように思います。

人は、人とのつながりの中で生き、そして死を迎えます。これからの〈いのち〉のケアと看取り、別れ、そして共に支え合う関係づくりについて、読者の方々とともに考えていく機会になれば、と願って刊行するものです。

株式会社 三一書房
「いのちを見つめる」刊行委員会

速報を送っているのだ。それは彼らの大切な仕事である。だが、お別れ会の途中で、人目につく場所でやることなのだろうか。死が軽すぎる。

そんな彼らであっても、自分の肉親の葬儀ならば私服で参列するとは思えない。所属する会社の社長の社葬ならどうか。近所の高齢者の葬儀でならどうか。式の途中、携帯電話で編集部と連絡を取り合い、斎場のロビーでパソコンを叩くことはないだろう。

故人に失礼であるし、会葬者をも侮辱している。なにより、彼らは死に直面していないと思えてしかたがない。しょせん、他人の死でしかないのだろう。弔いの心など持つわけではなく、「たかが取材対象」と、割り切ってしまうのは簡単だ。だが、故人の周囲の人たちは、簡単には割り切れまい。

先日、取材のために首相官邸に出向いたが、マスコミ各社の取材陣の服装は、きちんとしていた。ジャージ姿のカメラマンなどいない。マスコミ内部の担当部署が政治部と社会部という違いはあるにせよ、厳粛さが求められるはずの葬儀の場で見受けられる取材陣の服装とのギャップに、驚いた。

これは、たんに服装の問題ではない。佐世保の事件が起きたあと、「このような事件が二度と起きないように」と、沈痛なコメントを連発するマスコミに関わる人々が、現場ではこういった振る舞いをしているのだ。取材者個人が死を軽視するのは自由であるが、現場で「こんな事件はワイドショーのネタに過ぎないのだよ。我々がこの場に来るときには、カジュアルな服装で充分」と、周囲に対して堂々とメッセージを送っているのである。大人たちのオーラは、子どもたちへと確実に伝わる。

なにも、みなが喪服を着用して取材をする必要はないだろう。だが服装が改まるだけで、あのときはしゃぎまくっていた児童たちに、もっと別のメッセージを送ることができたはずだ。

本来、重くてつらくてしかたのない「死」を受け止めるための場所と時間であった葬儀。理路整然と演出されたり、統制されている必要はない。雑然でもいいだろう。悲しみの表出が、現代的な感覚からいうと「スマート」でなくてもかまわない。葬儀の場所にいるすべての人にとって、ひたすらに、死といのちを見つめる場所であってほしいと願う。

◉一人称の死、二人称の死、三人称の死

死ぬことにも「人称《にんしょう》」があるという。「死ぬこと」の主体が一人称、二人称、三人称というふうに変わることで、死ぬことの意味合いも違ってくる――という考え方で、「人称態《にんしょうたい》の死」ともいわれている。この考え方を唱えたのは、フランス人哲学者のヴラジミール・ジャンケレヴィッチ(一九〇三~八五)である。

三人称の死とは、自分でも親族でもない他人の死を指す。いままで紹介してきた葬儀・お別れ会のほとんどの会葬者と故人との関係が、この三人称の死という言葉で表される。「死」を

考える本人（自分）にそれほど大きな衝撃を与えず、まさに「対岸の火事」ということになる。

二人称の死とは、親族もしくはかなり親しい関係にある友人の死だ。これは非常に衝撃的で、ときに、遺された者にとっては生存の危機にさらされるほどの状況に追い込まれる。誰かを失うことで感じるグリーフ（喪失の悲嘆）は、三人称の死とは比べ物にならない。

グリーフ（grief）は英語。『現代英和辞典』（研究社）によると、「深い悲しみ、悲嘆、悲痛、悲嘆［悩み］の元」などと出ている。葬送関係の分野では、誰かを失うことによって生じる悲嘆、喪失の悲嘆という意味で使われることが多い。グリーフの状態にある人に対するケアが「グリーフケア」で、場面によっては「グリーフサポート」ともいわれる。

とくに日本では、妻と死別した男性高齢者のグリーフの度合いが強い。「男やもめに蛆《うじ》がわき、女やもめに花が咲く」という男尊女卑の真逆のようなことわざがある。やや意味合いは違うかもしれないが、同じような図式がグリーフにも当てはまるようだ。

最後に紹介するのは、一人称の死。これは、自分自身の死である。一人称の死は想像か、心霊体験もしくは臨死体験でもしない限り、誰かほかの人に語ることは不可能とされている。死を論じる際に、この「人称態の死」というのはたびたび引用されるのだが、わたしにはどうも、妥当な考え方とは思えないのだ。

たとえば、「二人称」の範囲。ユダヤ系ロシア人の家に生まれたとはいえ、フランス出身でフランスで育ったジャンケレヴィッチが定義した「二人称」というのは、いうまでもなくフランス語での二人称である。フランス語のtu(二人称の主語)は、どちらかというと「きみ」や「おまえ」と呼び合えるような相手に対して使う。親族とは限らない。フランス語の「あなた」は、三人称だ。

この点、英語では「あなた」も「おまえ」もyouだ。つまり「二人称の死」は英語の二人称とは少し違う。そして、日本人が二人称という言葉から連想する主語は「あなた」ではないだろうか。ここで文法を論じても意味はないが、業界関係者や学者がお題目のように使っている「人称態の死」なる発想は、そもそも翻訳・翻案の段階から間違っているのではないだろうか。そして、死をもっとも身近に感じられるのは二人称の死、という定説だけがひとり歩きしているように思える。だが、人間の死は、実際にはそんな分別ゴミのように簡単には分類できないのではないか。

三人称の死においても深刻なグリーフに直面する人は多いし、「きょうだいは他人の始まり」などと言われるように、〝二人称〟の関係の者の死であっても、じつに冷淡に死後の処理を進める遺族だって少なくはない。

この章の冒頭で紹介した坂井泉水さんの死も、多くの人にとっては三人称の死であった。しかし、会葬者にとっては「対岸の火事」などではなかった。わがことのように悲しみ、坂井さんに感謝を捧げ、その冥福を祈った。坂井さんの死は、彼らにとっての現実《リアル》だった。式場には、心からの弔いが満ちていた。

◉死は「ありきたり」のこと

他国の紛争でいのちを落とした人々についてのテレビニュースを見るとき、視聴者は彼らの死を、どこまで自分のことのように考えることができるだろうか。

三人称の死というのは、むろん他国の出来事に限られるものではない。マスメディアやインターネットで報じられる国内の事件、災害、事故での犠牲者に対し、あなたは、なにを感じるだろうか。たとえば駅で人身事故が発生したら、そこに居合わせた多くの人は携帯電話のカメラで現場を撮影し、友人にメールで送ったり、自分のブログに載せたりするだろう。ようするに、他人事である（ちなみに、葬儀会場でも携帯電話のカメラで撮影する人が増えてきており、柩《ひつぎ》のなかの故人の顔を写すような人が多いときは、葬儀社によっては一声かけることがある。式の厳粛さを損なうし、故人に対して、やはりいい感じはしない）。

これが、三人称の死の「現実」だ。

死は、生老病死《しょうろうびょうし》をたどる人間ならば誰しもが避けられない現実だ。その意味では「ありきたりのこと」である。生物学的に「死亡」を説明したら、さらに味気ない。身体の一部でしかない心臓と肺と脳の機能が停止し、蘇生する可能性のない状態——だ。だがこれは、ただ単に人間という生物の生命活動の停止を解説しているに過ぎない。

ところが、生命活動が停止しても、亡くなった人の周囲の人々から故人の存在感自体を消すことなどは、できない。

どんな人にも人格があり、人生の歴史があり、その人が周囲に与えた思い出や記憶、影響がある。それは、乳幼児であっても同じだ。小さないのちにも歴史がある。誰であれ両親の歴史を受け継いでこの世に生を享《う》けているからだ。胎児であっても、周囲の人々にとっては記憶は残る。でなければ、水子供養という伝統はこの国で受け継がれてこなかっただろう。

人里離れた山奥や絶海の孤島で、長年孤独に生きている人でもない限り、人の死は、第三者と必ず関係を持つ。死んだらおしまいなどというのは、想像上の〝きれいごと〟なのかもしれない。天涯孤独の身といえども、人間の世界で住む以上は、誰かの手を借りなければ自分の遺体ひとつさえどうすることもできないのだ。

人の生命は消えても、物質としての肉体は残る。放置はできないから、なんらかの処理が必要なのだ。遺族や友人たちには記憶も残るし、悲しみも刻印される。これらを消すには、時間がかかる。「死」即「無」ではないのだ。人間の「死」は、死亡の瞬間以降も続くわけだ。たしかに人が死ぬと、社会や家族、家庭内でのその人の居場所は空白になる。しかし、その空白の感覚は強烈だ。空白の感覚が強烈に存在するのだ。たとえば、その人が使っていた日常の小物。そんな小さな存在の一つひとつさえもが、あるじが不在で、あるじの居場所が空白であることを主張する。それを家族は、いやというほど実感する。

たとえば、家族内で共有していたはずの思い出。家族の誰かが亡くなった後、遺された者たちは、故人でなければわからない事柄があまりにも多かったことに気づく。そして、その人がいなくなった空白の広さと深さに愕然となる。空白の感覚は「無」ではない。近しい者を亡くした経験のある人なら実感できるだろうが、空白という感覚は歴然として実感できるものだ。

無常を説く宗教の教義や生物学的な説明のなかでは、人の死など当たり前であり、一瞬の事象でしかない。だが、社会的・文化的には、人の死は重く継続的なものだ。その事実は、三人称の死であろうと変わるわけがない。

◉皮膚感覚をともなう三人称の死

同じ三人称の死であっても、一般の人がニュースでの死に感じる感覚と、葬儀社のスタッフが死者に対して抱く感覚は、まったく違っている。彼らが通常接するのは、親族でもなければ友人でもない「三人称の死」だ。

昨今は、葬儀社への批判が横行している。批判されるべき〝葬儀屋〟もたしかに存在するが、それがすべてではないだろう。世間に迎合し、悪意のある書き方をしてみると、葬儀社にとっての故人は「お客さん」だ。いずれにしても、三人称の死である。

現場で葬儀社のスタッフを見ていると、経験が長い人ほど故人に感情移入していないようだ。

そして、喪家の前ではそれなりに控えめな表情をしている彼らも、会社内では一般のサラリーマンと同じような態度をとっている。ふつうに喜怒哀楽があり、休み時間ともなれば昼寝をする人もいるし、雑誌を読んだり休憩室でテレビを見ながらゲラゲラ笑う人もいるだろう。その直前まで、喪家において「このたびは大変なことになり、お気を落とされませんように」などと神妙な顔で言っていたスタッフが、である。これは罪なことだろうか。その是非は各人が考えることと思われるので、ここでは問わない。だが、ひとつ言えることは、下手な感情移入をすると、毎日の仕事はもはや不可能になってしまうということだ。一般の人も、連日連夜のニュースで伝えられる他人の死を深刻に受け止めてはいない。三人称の死すべてに心を奪われたら、毎日、生きていくのは困難になる。それと同じだろう。

だが、葬儀社のスタッフが扱う死は、ニュースで伝えられる死とは決定的な違いを持っている。それが、「皮膚感覚」である。葬儀社および関連業者のスタッフは、必ず遺体に触れる。遺体搬送や布団の交換、着衣の交換、納棺、最近では「湯かん」と称される死後の入浴サービスにおける接触だ。

彼らが接するころには通常、遺体は冷たくなっている。遺体は死後、毎時〇・五～一度のペースで体温が下がるといわれる。霊安室に移されてしばらくしても体温は残っているが、「これが人間の皮膚か」と思うほど冷たい。

親族が遺体に触れる場合は、その冷たさに拒絶感もしくは嫌悪感、本能的な恐怖などは覚えないのかもしれないが、他人が実際に遺体に触ってみれば、その冷たい感触は、しばらくは忘れられないほど強烈であろう。夏場に屋外や冷房のない場所に安置した場合は、外気温程度の「死体温」はあるが、遺体の衛生保全上、そういうケースはほぼありえない。死後の翌日ともなれば冷たさは決定的だし、布団のなかにはドライアイスが入っている。皮膚も乾燥し、ろうそくのような手触りになった皮脂が、薄い皮のように皮膚を覆っている。独特の手触りだ。

慣れないころは、他人の遺体の冷たさや皮膚の触感に戸惑いを覚えるスタッフも少なくないという。葬儀社のスタッフにとっては、死は、否応なく、皮膚感覚がともなうものなのだ。日によっては数人もの故人の体(遺体)に触れることもある。

だが、それぞれの故人には人生があり、その遺族もいて、話を聞けば聞くほど感情移入してしまうことがある。葬儀の内容と規模を考えるためにも、葬儀社では故人の生前の交友関係や仕事などを聞く必要がある。なかには、聞くに堪《た》えない悲しい最期を迎えた人もいる。

関東圏のある葬儀社の役員は、こう語る。

「わたしはいままで、一五〇〇件の葬儀に携わってきましたが、なかでも印象に残っているのは、難病で早世したお子さんの葬儀でした。その子は幼稚園へ行くのが夢だったと聞き、葬儀式場の内部を幼稚園のように飾りました。社員総出で徹夜をして、折り紙やボール紙でいろいろな飾りをつくったのです。翌日、ご両親が式場に到着し、飾りつけを見るなり、お二人とも泣き崩れました。式の最中、泣いている社員もいました」

社員の感情移入も尋常ではなかったのだろう。だが、こういう葬儀が毎日続いたらどうだろうか。社員自身の精神的な消耗も激しくなり、社員に対するメンタルケアが必要になろう。

山口県のある葬儀社の社長はつねづね、「故人様を、自分の親と思って奉仕しなさい」と社員に教えているそうだ。よほどのことがない限り、手袋の使用も禁止している。

「自分の親に触れるときに、手袋を使う人などいないでしょう?」

また、都内のある葬儀社の古参社員は、こう語る。

「事故死した死体なんてひどいものです。警察に行き、遺体袋に入った故人を引き取るのですが、体液がだらだら流れているのは当たり前。原形をとどめていないケースもあります。それを柩に移し変える。しかし、何年もこの仕事をやっていると慣れます。死臭が服にしみこんでも気にならないのです」

親と思って奉仕すれば嫌悪感はない。感覚を鈍化させれば抵抗感はない。みな、いろいろな対処をしている。しなければやっていけない仕事である。このように、葬儀社のスタッフにとっての三人称の死は、じつにリアルなのだ。

◉葬儀で刻まれる死の現実

そもそも、葬儀には感覚と所作によって死を実感させる装置——という一面がある。

葬儀で、会葬者が故人の遺体を触るわけではないだろうが、そこには葬儀の式場へ足を運ぶ行為があり、焼香や生花の匂いがあり、柩を開ければ、遺族は気にならないかもしれないが、現実的に死臭があり、焼香や献花で故人（業界で言うところの生仏《なまぼとけ》、もしくは遺骨）の前に進んで対峙し、手を合わせるという所作がある。葬儀式に際して出される精進落としや通夜振る舞いといった料理を食べる、味わうという所作もある。

元来、「弔う」とは古語で「訪ふ」とも書いた。『明解古語辞典』（金田一京助監修、三省堂）によれば、その意味は「訪問して見舞う、安否を問う、慰める」というものだった。弔いとは、ある場所へ出かけていくことが前提なのだ。

ところが、残念なことに人の死をコンピュータの画面で眺めるだけで「死のリアル」を錯覚している人々がいる。「訃報ドットコム」(http://fu-hou.com/)というインターネット上のサイトをご存知だろうか。これは、ネット上の訃報情報を自動で拾い集めたもので、誰でも閲覧できるというサイトだ。このサイトの管理者の個人の趣味でやっていることであるから、どうでもいいといえばどうでもいいし、いつまで続くのかもわからないが、サイトの主宰者であるｐｈａ氏は、ＩＴ系ニュースのインタビューに「（サイトの広告など）Ｗｅｂサービスの開発だけで生活できるような世の中になればいいな」と答える自称「ニート」。貯金を切り崩しながら、朝はゆっくり起きて、天気がよかったら散歩をする毎日。「（毎日が）すごく幸せだなぁ、って思います」という。そんな彼が、インタビューのなかでこう述べる。

「死について興味があります。（中略）死ぬときは動物と一緒だな、と思ったりもします。不謹慎な言い方かもしれませんが、人の死を知ることで『自分もがんばらなくちゃ』というやる気が出てきます」(http://www.itmedia.co.jp/bizid/articles/0712/12/news004.html)

コンピュータの画面の前に座り、情報として自動で集められる「死」の羅列を眺めることに興味を抱く感性はわたしにはあまり理解できないし、そういった「情報としての死」を眺めるだけで頑張れるというのは、驚きでもある。また、ペットの死ならともかく、一般的な動物たちの死と人間の死は同列ではないだろう。動物の死にグリーフを抱く人間はいない。

そして、こういうサイトをたくさんの人が閲覧しているということも不思議でしょうがない。しかし、これがこの国の現実の一部でもある。

コンピュータ上の情報としての死に対峙する行為に、弔いの心はともなうのだろうか。死者からの癒しは、望めるのだろうか。死の現実を実感できるのだろうか。

幸い、葬儀には参加者の所作や五感が絶対的にともなう。こういった体の動きというものは、会葬者の肉体と意識に、確実に死の実感を刻み込むのではないだろうか。繰り返すが、死のリアルが欠けた葬儀に弔いはない。弔いがなければ、癒しはない。

死の人称などには関係なく、人が死ぬことは重大な事態なのだ。そのことを人類は知っていた。でなければ、一〇万年もの昔、ネアンデルタール人は副葬品や花と一緒に埋葬されはしなかっただろう。そしていまに至るまで、わたしたちは葬送に心を砕き、手間も神経も体力も使う葬送なる儀礼を発展させてきた。不要なものなら、何万年もの歳月をかけて、葬送儀礼など持ち続けてこなかったはずだ。

死を軽く扱うということは、いのちの重さを否定することにもつながりかねない。

これまで見てきたように、葬儀で学ぶことや体験することは豊富にある。ところがいま、葬儀を行わない人たちが確実に増えてきており、葬儀の業界内では、その数は全体の二〇〜三〇%ではないかといわれている。葬儀を行わないのは本人の自由ではあるが、葬儀を手放すことで、失うこともまた、多いのではないだろうか。そのひとつが「死のリアル」を実感する機会を失う、ということなのかもしれない。

第2章

家族の死と看取り

――ちゃんと死ぬために

◉自宅で看取りたかった

「父を自宅で看取ることができて、よかった」

本当に感無量、これでよかった、といった表情で語るのは、静岡市駿河区で寿司店「寿し鐵《てつ》」を営む石原孝儀《たかよし》さん（一九五一年生まれ）。二〇〇七（平成一九）年六月二九日に父親の作太郎さんを亡くした。作太郎さんは八六歳だった。

通夜は自宅で行い、葬儀は石原家の菩提寺《ぼだいじ》であげてもらった。

「悲しみもあったけれど、どういうのかな、『やり遂げた』っていう感じですね」

父・作太郎さんの願いは「自宅で死にたい」。その願いに応えるため、孝儀さんは、腎不全の父の人工透析を自宅で行うなど、けんめいに在宅ケアを続けた。亡くなる一カ月前には末期の肺がんが見つかり、入院した。病院のスタッフには「自宅では（緩和ケアは）無理ではないか」と危惧もされた。だが、孝儀さんの心は決まっていた。「家で看取りたい」。幸運にもかかりつけ医は、在宅緩和ケアに熱心に取り組んでいる医師だった。それが大きな励みになった。

作太郎さんにとっても、孝儀さんにとっても。

作太郎さんが退院して家に戻ると、念願だった曾孫が生まれた。どんなに調子が悪くても、作太郎さんは曾孫を見ると、いい笑顔になった。家族は一丸となって、作太郎さんのケアを続けた。

そして、旅立った。家族全員と手をつなぎ、見守られるなかでの臨終だった。

死ぬ直前の日々、作太郎さんはがんの痛みに耐えながら、じつに「いい顔」を見せたという。一〇〇点満点の在宅ケアだったようだ。作太郎さんの人生は、自宅で看取られることで大団円を迎えたのだ。

だが、孝儀さんは父の葬儀に必ずしも満足しているわけではないという。これについては後述する。

「親父は車の免許がなかったもんで、いつでも、どこへ行くときにも足代わりに同行させられました。わたしはひとりっ子なんですよ。休みの日に釣りに出かけたり、墓参りしたり。仕事場では親父が師匠ですから、いつも親父と一緒。女房や娘たちよりも、親父と一緒にいる時間のほうが長かったくらいです」と孝儀さんは、回想する。

父・作太郎さんは「静岡のエノケン」という通称で親しまれた人気者だった。その一方で、頑固一徹の寿司職人。味と生き様に誇りを持つ粋な男性だった。孝儀さんにとっては偉大な父であり、師匠でもあった。

「一国者で、親父が黒と言ったら、絶対に黒。実際は白でもそれを認めようとしない人だった。だから、家族は苦労しましたよ」と、孝儀さん。

「気に食わないことがあれば、ちゃぶ台をひっくり返すんです。家中の壁も箪笥《たんす》もボロボロでしたね。怒り出すと、簞笥の引き出しを引き抜いて床に叩きつけたり、物を壁に投げたりしていたから」

酒が大の好物。しかし、平日は一滴も飲まなかった。中途半端な晩酌などは性に合わなかったのか、飲むときはとことん飲んだ。作太郎さんは毎朝、日の出前に魚市場へ仕入れに出かけていたから、深酒を慎んだのかもしれない。強靭な意志で、仕事に徹した。

だから、店の定休日(水曜日)の前日、閉店後の酒が何よりの楽しみだった。しかも、次の日は朝から夜までずっと飲んでいた。その間、食事はとらない、酒だけあればいい、という飲みっぷりだった。で、一九七二(昭和四七)年に体を壊す。五〇代になったばかりのころだ。

最初は糖尿病だった。静岡済生会総合病院(静岡市)に入院。退院時に医師から「この病気は完治しない。一生、つきあい続けることになる」と言われたところ、持ち前の短気が爆発。「治らないなら、行くことねーや」と、その後の通院・治療をやめてしまった。

生活習慣病は、放置してもよくはならない。昭和五〇年代はじめには、今度は脳梗塞《のうこうそく》で倒れてしまった。後遺症で運動障害を呈したが、リハビリを続けて一カ月ほどで回復した。一九八七(昭和六二)年に伴侶が死去した。

このとき、作太郎さんは葬儀の仕切りや喪主の大役を息子の孝儀さんにすべて任せている。孝儀さんは、三〇代半ばだった。父親が他界した場合に、母親ではなく長男が喪主を務めることはあるだろうが、現役で働く父親を差し置いて、長男が喪主になるケースは珍しいのではないか。しかも、最晩年まで孝儀さんをまるで小さい子のように扱い、店主の座を譲らずに寿司を握り続けた作太郎さんだった。

葬儀の仕切りを息子に任せることについて、作太郎さんには、なにか思うところがあったようだ。このときの経験が、後に息子の孝儀さんに活かされていくことになる。通夜は自宅で行い、翌日に出棺して火葬。遺骨の状態で、菩提寺において本葬を営んだ。同地域は、遺骨で葬儀を行う「骨葬《こつそう》」が多い。

◉手探りで始めた在宅ケア

作太郎さんの病気との格闘は続く。平成になってからも、脊髄の大手術や喉頭がんによる声帯摘出を経験した。これ以降は、声が出なくなった。歩行も困難になり、車椅子の生活を余儀なくされた。

だがそれでも毎日、調理場の中央の位置(店主の位置)で椅子に座りながら寿司を握った。なんと、亡くなる前の年、八五歳まで現役を通した。絶対に、息子に任せようとしなかった。

「俺の目の黒いうちは、隠居なんぞしてたまるか」という気迫があった。

「ガッツがあるよね。八五歳でしょう? ふつうはできないって。親父は立てなかったんですよ」と孝儀さん。

「息子としては、親父を乗り越える必要もあるのかもしれないけれど、あえて逆らわなかった。そうすることで、家というのは丸く収まるんです。舵取りの船頭はひとりでいい」

そうはいうものの、「言うは易《やす》し行うは難《かた》し」である。父親への反抗心を息子が抑えるためには、強靭な精神力が要求される。孝儀さんにも、一途なところがあるようだ。

二〇〇六(平成一八)年の春に再入院。慢性腎不全だったため腹膜透析が開始されることになったが、孝儀さんが自宅で透析を行うことに決め、退院。介護療養型医療施設への入所という選択肢も考えられたのだが、孝儀さんの頭には「在宅」という結論がはじめから出ていた。それは、父親の希望でもあった。

作太郎さんは、生きがいだった店に出られなくなった。けれども、いつでも店の状態を息子に尋ねた。閉店後に、店の様子を報告することが息子の日課になった。

「声は出ないけど、目を見て唇の動きを見ていれば、何を言っているのかはだいたい理解できました。とくにわたしの娘との会話はスムーズでしたよ」と孝儀さん。

読唇術、などという言葉が不要なくらい、家族の心のつながりは強いものだった。ただし、最初から一〇〇点満点の在宅介護ではなかったという。

「在宅透析の講習も受けて、なんでもわたしひとりでやろうと思い込んでいた。透析は一日三回です。店をやっている身には、これがかなり難儀なことでした。やはり無理をしていたんでしょうね。在宅を始めて一カ月が過ぎたら、今度はわたしが倒れちゃった」と、孝儀さんは明かす。耳鳴りやめまいを感じたり、身体のバランスを失いやすくなるメニエル病（メニエール症候群）だった。原因は過度のストレス。介護疲れということは誰の目にも明らかだった。

そこで、孝儀さんの妻、そして孝儀さんの二人の娘、さらに彼女たちのそれぞれの伴侶が介護に参加することになり、一家あげた万全の体制が整った。

四世代が収まった最後の記念写真。中央が作太郎さん。

「肩の荷が下りた感じがしました」

この状況を一番喜んだのは作太郎さんだった。作太郎さんは、自分の孫娘が大好きだった。多くの高齢者同様、作太郎さんも体のあちこちに痛みを抱えていた。痛みのある場所は、一定しない。作太郎さんとしては痛い場所をさすってほしいのだが、いくら読唇術で会話できるといっても、作太郎さんが訴える痛い場所を特定するのは難しいときがあった。そんなときでも、二人の孫娘が体をさすると、とても満足そうな顔をしたという。

もしかしたら、大好きな孫に手当てをしてもらえるという精神的な幸福感や満足感が、体の痛みをかなり軽くしていたのかもしれない。

「自分ひとりでは、親父の介護は絶対にできなかなった。家族が同じ気持ちにならないと、こういう困難なことは続けられない」

娘二人は、それぞれの夫と一緒に孝儀さんの家に同居。彼女たちは仕事も手伝い、介護にも参加した。

「親父は、自分の部屋の窓から外を見るのが好きだった。毎日、窓辺に椅子を置いて飽きずに見てましたね。自分で歩けなくなってからは、『窓辺へ運んでくれ』と要求しました。でも、声が出ないから、こちらがいつでも気づいてあげられるわけではない。そういうときは、這ってでも行こうとして、ベッドから落ちて床に倒れていたこともありました。何をやっているのかと聞くと『外が見たかった』と言う。いつまでたっても少年みたいな親父でした」

在宅ケアをしたからこそ得られた穏やかな日々。この日常が続くことを、みなが望んだに違いない。だが、病魔は確実に作太郎さんの体のなかで大きくなっていた。

「二〇〇七年の五月に突然、体調を崩して、静岡済生会病院へ入院しました。そのとき、肺がんが見つかったんですね。その年の秋まで持つかどうか、と言われました」

じつはその前年の暮れ、肺に小さな影があることが発見されていた。だが、孝儀さんは精密検査を断った。なぜなら、もし進行がんが見つかったとしても透析治療中での投薬は難しく、高齢で手術に耐えられる体でもなかった。結局、なす術がなかったからだ。

高齢者では、がんの進行が遅い場合がある。そのことも考慮し、精密検査は見送られた。精密検査をしなければ、その影が進行がんであるという確証は得られない。逆のことを言えば、がんではない可能性も残される、ということになる。

だが結果的には、その影は進行がんだった。しかも、悪化していた。

回復の見込みのない肺がんが発見されたとき、作太郎さんは大部屋に入院していた。しかし、いろいろな医療処置をたくさんしなければならず、大部屋ではなにかと不自由をきたした。そこで、孝儀さんは作太郎さんを個室に移した。このことは、作太郎さんとは事前に話し合っていなかった。

処置に困らないように、ナースステーションに近い個室にしてもらった。そのことが、作太郎さんの逆鱗に触れた。というのも、亡き妻（孝儀さんの母）の病室もナースステーションに近かったためであった。そのことを思い出したようだ。

作太郎さんは、「俺をここで殺す気か」と興奮しながら孝儀さんを非難した。このことをきっかけに、孝儀さんは自宅での看取りを決意した。そして退院。在宅ホスピスケアが開始された。診療は主治医でもあり、「たんぽぽ診療所」の遠藤博之医師が担当した。

◉医療のなかのスピリチュアリティ

遠藤医師は静岡済生会総合病院で一五年間の勤務経験を持つ、透析および緩和医療のエキスパートである。同病院に勤めていた当時から、「やさしさを追求する医療」をめざしてきた。「患者さんの心の痛みを和らげる」ことに取り組むため、病院内に緩和ケア研究会(後にスピリチュアル研究会へと改称)を立ち上げ、約一〇年、一一八回にわたって、医療スタッフに対する勉強会を主宰。スピリチュアルケアを同病院に定着させた。

スピリチュアルの名詞形「スピリチュアリティ」という言葉は、以前は「霊性」「精神性」等の訳語があてられたこともあるが、日本では定着しなかった。現在はカタカナ表記が一般的だ。ただしオカルトや開運、占い方面の言葉として勘違いされることも少なくない。この言葉が医療の世界で非常に大きな注目を集めたのは、世界保健機構(WHO)執行理事会が一九九八年に行った、ある決議がきっかけだった。

従来の健康の定義は「肉体的、精神的、社会的に良好である状態」であったが、執行理事会はこれに「霊的(スピリチュアリティ)」を加えたのだ。健康であるためには、スピリチュアルな次元でも良好・健全でなければならないという考え方である。WHOが採択したスピリチュアリティは、宗教的なスピリチュアリティというよりも、医療現場におけるスピリチュアリティについての規定である。

このスピリチュアルな次元でのケアがスピリチュアルケアである。日本のスピリチュアルケアの第一人者である窪寺俊之さん(関西学院大学神学部教授、元・淀川キリスト教病院チャプレン)は、スピリチュアリティについて、「人生の危機に直面して生きる拠り所が揺れ動き、あるいは見失われてしまったとき、その危機状況で生きる力や、希望を見つけ出そうとして、自分の外の大きなものに新たな拠り所を求める機能のことであり、また危機のなかで失われた生きる意味や目的を自己の内面に新たに見つけ出そうとする機能のことである」と説明している(窪寺俊之『スピリチュアルケア入門』三輪書店)。つまり、終末期といった人生の危機的な状況に直面したとき、「わたし」は「わたし」を見失う(わたしという「枠組み」が崩壊する、わたしはわたしを背負い切れなくなる)ということだ。

しかし、神や仏あるいはそういう超越的な存在とのつながりや関わりの実感を通して、もう一度「私が私自身であろうとすること、あるいは人間であろうとすることが『スピリチュアリティ』の本質である」(窪寺俊之ほか『スピリチュアルケアを語る――ホスピス、ビハーラの臨床から』関西学院大学出版会)。

以前は、終末期における緩和ケアが対象とする痛みは、「身体的・精神的・社会的」なものといわれてきた。だが、近年ではWHOの新しい定義に基づき、日本の終末期医療でも「スピリチュアルな痛み」が第四の存在として注目されるようになった。

たとえばそれは、なぜ自分だけがこんな病気になり、独《ひと》りで苦しい思いをするのか――というやりきれなさや、自分の存在した軌跡を何らかのかたちで残したい――という強い欲望、家族と別れることへの深い悲しみ、独りで死んでいくことへの猛烈な不安などである。遠藤さんは、「四つの痛みは並列するものではなく、身体的・精神的・社会的な痛みが、スピリチュアルな痛みに内包されています。スピリチュアルな痛みを和らげることで、ほかの痛みが軽減されることが多いのです」と説明する。遠藤さんによると、スピリチュアルな痛みを緩和させるのに最適の場所が、自宅なのだそうだ。

◉医療スタッフも癒しを求めている

遠藤さんのスピリチュアル研究会は、患者の幸せのためだけに継続されていたわけではない。こう書くと驚く人がいるかもしれないが、日本の医療従事者のうち、ターミナル（終末期）ケアに関わる多くの人が、精神的にかなり大きな負担を抱えている。

キリスト教が信仰されている国々では、病院内には当たり前のように礼拝堂があり、懺悔《ざんげ》室もある。そこで誰が祈るかというと、患者や家族よりも、むしろ医療スタッフのほうが多いといわれる。死に逝くいのちに深く関わり、そのいのちに寄り添って共感を重ねていくと、医療スタッフも患者と同様に、心に「死」を抱えるようになる。抱え過ぎると、自滅しかねない。

そしてまた、失敗を決してしないような完全無欠の医療者などいない。仕事に対しての後悔もあるだろう。だから、礼拝堂で懺悔したり、スタッフ向けの病院内カウンセラー(多くは宗教者)に心の重荷の原因について聞いてもらい、気持ちに整理をつけるのだ。

また、欧米の病院にはだいたい一〇〇床につき一名、スピリチュアル・カウンセラーが配置され、患者の「スピリチュアルな苦痛」に対処している。この職業は資格制で、病院での実務経験を持つ宗教者が就業することが多い。ただし、彼らは布教目的で病院にいるのではない。あくまでも患者のスピリチュアルな苦痛に対処することを目的としている。

一般的な日本の病院では宗教色を極力排除しているので、そういう悩みを解決するための宗教的な場所や仕組みが病院内にはない。一般病院でもクリスマスの行事は実施されているが、それは宗教というよりはレクリエーションであろう。病院のクリスマス会が患者や医療従事者のスピリチュアルケアに多少なりとも貢献することもあるとは思うが、実際のところは、人の生命の本質、死への不安と死後への疑問、悔悟《かいご》と懺悔といった事柄に対応する機能は通常、日本の病院には備わっていない。

むろん、宗教だけにすがる必要はないだろう。精神面のケアは宗教の専売特許ではない。ただ、宗教にはいのちを見つめ続けてきた膨大な時間の蓄積がある。

これは葬儀にも関係することだが、宗教そのものが人を救うとは思えない。自分を救うのは自分だろう。宗教というものは、救済へのきっかけを与えてくれる触媒《しょくばい》なのかもしれない。

「きっかけ」にもいろいろある。宗教的なものとしては神、創造主、摂理、自然の理、先祖、絶対的他者、サムシング・グレート(Something Great)など、呼び名はいろいろあるだろうが、そういったものが自分のそばで見守っていてくれることへの気づき。葬儀は、そういったなにかを感じる時空間という一面があるのかもしれない。

だが、日本の病院内には「きっかけ」に遭遇する機会が少ない。宗教をタブー視する日本だからこそ、特定宗教にこだわらないスピリチュアル・カウンセラーが常駐すればいいのだが、費用の関係で難しいというのが現実ではないだろうか。

しかし、患者と医療者の双方のストレスを軽減することができれば「医療費はもっと抑制できる」と主張するのは、京都大学大学院教授のカール・ベッカーさんである。

ベッカー教授によれば、過剰医療で収入を確保する代わりに、病院カウンセラーを導入して医療者のケアを行ったほうが、医療者のストレスが軽減され、医療事故が未然に防げるため、結果的にコストダウンにつながるという。医療者に優しくない医療は、患者にも優しくないのだ(二〇〇七年七月六日、新潟県立がんセンター新潟病院「いのち連続講演会」での発言より)。

ただし現実的には、日本では医療者をカウンセリングできる人が少ない。プロテスタントでは「牧会カウンセリング」の訓練課程が整備され、臨床で活躍できるだけの能力を持ったカウンセラーの育成に力を注いでいる。牧会とはプロテスタントの牧師が人々・信徒を導くこととされ、人によっては「牧師による魂のお世話」とも解釈している教会用語だ。

石原さんのかかりつけ医だった遠藤さんは牧師ではないが、患者はもちろん、医療者に対するメンタルケアができる稀有《けう》な存在だ。しかしもともと、緩和ケアが専門だったわけではない。当初は腎臓内科に勤務していた。

たんぽぽ診療所の医師・遠藤博之さん。

静岡済生会総合病院はチーム医療制をとっている。主治医を特定せず、担当医がローテーションで替わっていく仕組みなのだが、どういうわけか遠藤さんが当番のときに患者が死を迎えることが多かった。不思議な縁だった。そのうちに、「遠藤先生に看取ってもらいたい」と名指しで希望する患者が増えていった。遠藤さんを取り巻く死の影は、陰性ではなく、陽性なのだ。そのことを誰よりも実感していたのは、まさに死に逝く患者たちだったのだろう。

こうして静岡済生会総合病院で勤務するうちに遠藤さんの目は「緩和ケア」へと向いた。そこで緩和診療科を立ち上げ、緩和ケアチームを育て、同科の科長を長く務めた。緩和ケアを続けるうちに、「もし可能なら、在宅での終末期ケアを行ったほうが、患者さんは安らかな日々を過ごせる」ことも確信した。

そこで二〇〇六年一月、静岡市駿河区にたんぽぽ診療所を開院、「町医者」になった。一般診療のほか、在宅診療と緩和ケアを標榜していることが特色だ（居宅療養管理指導実施施設）。開院後も週に一度は済生会病院に非常勤医として勤めているため、たんぽぽ診療所との連携は緊密だ。

彼は、その優しい風貌と物腰、そして診療所の名前から、現在では患者たちから「たんぽぽ先生」と呼ばれているそうだ。近隣では「患者の話をよく聞いてくれる」と評判である。

◉死を見つめて過ごした終末期

石原作太郎さんの話に戻ろう。

作太郎さんに対する在宅での終末期ケア（在宅ホスピスケア）は、たんぽぽ診療所および訪問看護ステーション、そして、遠藤さんに共鳴して行動を共にする調剤薬局「すずらん薬局」の訪問薬剤師たちのバックアップを受けて始まった。

ただし孝儀さんは父親に、肺がんであることを最期まで教えなかった。

「知らせたらどうなるか、そのあとのことを心配したんです」

告知することによって、父親が動揺したり、父親と家族との関係がよそよそしくなったりしないか心配だったと言う。だが作太郎さんは、ちゃんと自分の死ぬ瞬間、つまり死期を悟っていたようだった。

作太郎さんは戦争中、中国大陸の南部方面で戦った。部隊の同僚たちは何人も死んでいった。過酷な戦争を生き抜き、作太郎さんはなんとか帰還できた。何度も死線をくぐり抜けてきた彼は、自らの死についても冷静だった。

「あの戦争では、俺はいのち拾いをしている。一回、死んだようなもんだ。あとの人生はオマケみたいなものだ」と語るのが、作太郎さんの口癖だったという。だが作太郎さんは「オマケ」の人生をだらだらと無気力に生きたわけではない。けんめいに突っ走り、逆境から店を起こし、息子を立派な寿司職人に育て上げた。その一方で、若いころは遊び人。頑固な職人気質は死ぬまで不変だった。

末期の肺がんということは家族だけが知っていたが、自宅へ戻った作太郎さんは、自分が死ぬことを、しかもそれがそう遠くない日に訪れることを悟り、それを前提に生きていたような節があったという。やり残したことをすべてやり遂げようとしていたのか、あれやこれやと注文を始めた。まずは、「(大好物の)鰻《うなぎ》が食べたい」と言い出した。孝儀さんが遠藤医師に聞いてみると、「好きなことをやらせてあげてください」との返事。そこでこれ以降、孝儀さんは、作太郎さんの望みをできるだけ叶えるようにした。

鰻の次は、「親戚の家の仏壇に線香を上げたい」と作太郎さん。これは、亡くなる二週間前のことだった。作太郎さんは二階に寝ていた。そこで、孫娘の伴侶が背負って一階へ降ろし、車で親戚宅へ行った。だが、もう車から降りられない状態だった。そこで孝儀さんに「俺の代わりに線香を上げてこい」と命じた。

作太郎さんは、格別に仏教が好きというわけではなかった。墓参りや、親戚宅での焼香には行ったが、それは彼岸などの決まった日であった。今回のように、特別な日でもないときに突然、線香を上げに行くようなことは、いままでになかったことだった。ただ、生前に戒名《かいみょう》をもらったときには非常に喜んでいたというから、死後に家族から供養されることや、終末期についての関心はあったようだ。

親戚の家の仏壇に線香を供えてからは、はっきりと衰弱がわかるようになった。食事ものどを通らなくなった。経口薬を服用するときは、水を飲むのも苦しそうだった。ところが今度は、「どうしても、焼酎が飲みたい」と言い出す作太郎さん。家族一同、絶句した。

「正直、困っちゃったんですよね。もう何カ月も酒を飲んでなかったもんで、よほど飲みたかったんでしょう。でも食事もできない人なのに、酒なんて」

逆算すれば、亡くなる一〇日前だったという。孝儀さんがしかたなく遠藤さんに相談すると、「ぜひ、どうぞ」と快諾(?)。そこで、コップに焼酎を注ぎ、病床の作太郎さんに渡すと、なんと、ゴクゴクとのどを鳴らして、一気に飲み干してしまった。そして、作太郎さんの口から、

「あー、うめっけ(うまいなあ)！」という声なき歓声がほとばしり出たという。作太郎さんは満面の笑みをたたえていた。

「あれが、親父が喜んだ最後だよね。末期《まつご》の酒とでもいうのかな。水を飲むのさえ苦労していた人が、目を見開いて、こうやって、すごい勢いで飲むんですよね」

父親が焼酎をおいしそうに飲む様子を、身振り手振りで再現する孝儀さん。その話を聞いているだけで、焼酎の香気が漂ってくるような気がした。孝儀さんは、じつに嬉しそうに回想する。それほどの快哉事《かいさいじ》だったに違いない。

「いまだに『ゴクゴク』っていう音が忘れられませんね。飲み干したあと、親父は自分の頬を指差して『赤いか？』って家族みんなに聞くんですよね。『おじいさん、赤くなっているよ！』って、みなで笑いました」

◉作太郎さんの大往生

「家だったから、こういう介護と看取りができた。お袋は病院で死んだんですが、同じ旅立ちでも、ぜんぜん違う」と、孝儀さんはしみじみと述べる。

「親父は『家で死にたい』と言っていたから、それを実現することができたことをわたしは誇りに思います。たんぽぽ先生にも感謝だよね。先生がいなければ実現しなかった。一生忘れられない人です」

もしもあのとき入院中だったら、たぶん焼酎の許可は出なかったに違いない。たびたびの外出も禁止されていただろう。

「遠藤先生は、本当にいい先生だ。専門は腎臓ということだが、『死』に関しての取り組みが素晴らしい。こういう先生もいらっしゃるんだなって感銘を受けましたね」

遠藤さんの往診は毎週月曜日だった。

「なにか特別な治療をしてくれるわけではないんだけど、親父は先生を心待ちにしていたようです。心から信頼していた」

作太郎さんが遠藤さんの往診を楽しみにしていたのは、往診によってがん性疼痛《とうつう》が軽くなる、といったようなことを期待してのものではなかったのだろう。わたしは数年のあいだ、遠藤さんの往診やスピリチュアル研究会(現在では「たんぽぽの会」と名称変更して、たんぽぽ診療所内で行われている)、そして患者の取材をさせてもらってきたが、遠藤さんの言葉には嘘がない。態度にも虚勢がない。そして、つねに温和な笑顔を絶やさない。人が死ぬことにどこまでもまじめに取り組み、心の通う医療・人を幸せにする医療の実践に努めている。遠藤さんは、無駄な延命治療をすすめるような医者ではない。

遠藤さんの考える「いい死に方」は、「あんまり頑張っちゃわないターミナル」というものだ。無論、回復する見込みのある患者に「頑張るな」と言っているのではない。手を尽くしてみたが「残念ながら」という状況になったときに、患者や家族の意思を尊重し、患者の状態を考慮しながら、「自分がもっとも自分らしくいられる場所」である自宅で、終末期を迎えられるようにサポートしたいという思いがあったからこそ、たんぽぽ診療所を開院した。

とはいっても、なかには最期まで死を受け入れられない患者や家族だっている。そういう人たちは過剰医療に傾きやすいようだ。かたや、頑張らない人たちもいる。遠藤さんにそのあたりの両者の差を尋ねてみると、「全体の傾向として、戦前に生まれた人のほうが落ち着いているかもしれません。わりと覚悟が決まっていると思います」という答えだった。

石原作太郎さんも、まさに戦前生まれ。彼の終末期は、周囲の動揺をよそに静かな日々だった。亡くなる一〇日前には、息子と嫁にそれぞれ腕時計と指輪を渡し、「形見分けだ。とっとけ」と伝えたそうだ。二人は「おじいさん、まだそんなに悪くなっていないのだから」となだめても、動じる様子もなく、聞き入れなかった。無言で合掌し、仏壇のほうを指し示したという。「『俺はもう死ぬ』ということを言いたかったんだと思います」と孝儀さんは説明する。

形見分けの直後、がんの痛みが悪化して耐え切れなくなり、モルヒネなどの医療用麻薬の処方が始まった。すると眠気が強くなり、会話できる時間が限られてくる。形見分けは、「絶妙」のタイミングだった。死期を知っていたとしか思えない行動だった。孝儀さんが振り返る。

「自分が死ぬってわかったら、あなたならどうします？　ふつうならくよくよしたり涙を流したり、『俺の病気はなんなんだ？』って周囲の人に聞いたりしますよね。でも親父は、そうじゃなかった。じつに自然体でした」

そしてついに〝そのとき〟が訪れた。作太郎さんは二〇〇七年六月二八日の晩、大量に吐血した。それでも孝儀さんは救急車を呼ばなかった。孝儀さんが回想する。

「たまたまその日は看護婦さんが訪問してくれる日だったので、処置を受けることができてラッキーでした。そしてたんぽぽ先生に電話をして状態を説明すると、『残念ですが』ということだったので、あとは一晩中、そばにいてやりました」

吐血は治まったが、鼻からの出血は続いた。それを拭き取らないと、耳に流れ込んでしまう。そこで、家族が交代で作太郎さんの顔を拭いてあげた。

東の空が白んだころ、作太郎さんのいのちが輝いた。

「突然、意識がはっきりしてきて、目をパッチリ開け、いろいろなことをしゃべり始めましてね。二時間近くすごい勢いでしゃべるんです。何をしゃべっているのか、正直なところはよくわからなかったんだけどね。『いままでありがとう』というようなことは聞き取れました。でも、あまりに元気なもんで、まだ大丈夫なんじゃないかと思ったほどだった」と孝儀さん。

そのとき、部屋には孝儀さんと作太郎さんだけがいた。親子のあいだにしか流れない、言葉にならない思いが充満した。

「いい顔でしたよ、親父」

直後、呼吸が乱れ始めた。そして、四世代の家族全員が集合し、みなに手を握りしめられながら、作太郎さんは息を引き取った。亡くなる一年前まで現役を貫き通した寿司職人の、八六歳の大往生だった。

「親父は最期に、いいところを見せたのかな、と思うんですよ」

◉自宅での看取りと葬儀

本書は「葬儀」をテーマにしている。にもかかわらず、作太郎さんの終末期にかなりのページを費やしていることを奇異に思う読者がいるかもしれない。しかし、葬儀はたんなるイベントではない。人生最後のイニシエーション(通過儀礼)であり、逝く人だけではなく、送る人にとっても、非常に重要な場であろう。逝く人にとっては人生の集約の場面であり、送る人にとっては永訣の場面である。

だから、作太郎さんの終末期と、作太郎さんとともに「死」への道行きに同行した孝儀さんたち家族・遺族について書かずにはいられなかった。故人や遺族の思いを受けて、葬儀は成り立つべきだからだ。

その作太郎さんだが、生前、葬儀についてとくに指示は遺していなかった。だが、息子の孝儀さんには、もうわかっていた。場所は自宅。そして、亡き母と同じように行う。奇をてらわない。古風でいい。父親の人柄そのものの葬儀。母の葬儀を仕切ったことで得られた知識と経験が、いろいろと役に立った。

「いま思うと、親父はもしかしたらお袋の葬儀をわたしにやらせることで、何かを教えたかったのかもしれませんね。あのときは、『うまくいかなくてもいい、失敗してもいい。ただし、昔風に、そして派手にやれ』とだけ言われました」

作太郎さんは、口でくどくどと教えるタイプではなかった。背中を見て学べ、という教え方だ。作太郎さんが生前受戒《じゅかい》、つまり生前に戒名をもらったことで喜んでいたことは前に書いたとおりだが、父の影響か、孝儀さんもこう語っている。

「わたしもお坊さんの話を聞くのが好きだもんで、法要のあとの法話が楽しみです。そういう話って、そのときには直接役に立たなくても、後の人生で活きてくるものだから」

父の思いは、子に受け継がれたようだ。

孝儀さんの母親が他界したころはそれほどでもなかったが、現在では静岡市内にも、葬儀業者や互助会の葬祭場（斎場）が数多く存在する。斎場で葬儀をやれば、あらゆる面で自宅よりずっと楽になる。

「家で葬儀をやるといっても、実際にはとても手間がかかるんです。家具やらを動かさなくてはいけないし、親父が寝ている部屋は二階なんですが、階段が狭くて柩を運び上げられないから、みなで親父を抱えて一階へ下ろしてから、一階で納棺するとか。とにかく大変」

斎場なら全館、冷暖房完備である。使った皿も洗わなくていい。布団も貸布団。掃除も不要。

納棺もやってくれる。まさにコンビニエンスである。

それでも、「父の思い」を枉《ま》げるつもりはなかった。父の人生の終幕をどう飾るかは、在宅ケアのときに決めていた。「自宅」が、この親子のこだわりだった。自宅での看取りの延長線上に、自宅での葬儀が、自然なかたちで存在していたようだ。

この地方では、通夜振る舞いは質素である。食事をつくらなくてもいいので、自宅でも負担にならない。

「茶菓子は用意するんですが、ほとんどの人は焼香を済ませるとそのまま帰ります。残ってお茶を飲んで話し込む人は少ないですね」

通夜を開くために、大きなスペースも不要である。

「だいたい、斎場での葬式っていうのは、軽い感じがする。結婚式に行くようなものです。そういう感じの葬式をいいとは思えない」と孝儀さんは述べる。彼には、「葬式は重いものでなければならない」という考え方があるようだ。

「お袋のときは、この辺には農協(いまのJA)しかなかったからあそこに頼んだ。いまでもJAの準会員だしね。会員の割引もあるから今回もお願いしたんだけど、なんかこう、(スタッフの態度が)昔よりもビジネスっぽいんだよね。みんなスーツ着て、格好も物腰もちゃんとしているんだけどさ、わたしから見ると、親身になって葬儀をやってくれている感じがしない。彼らが葬儀のプロということはわかった。でも、それだけだった」

今回、石原家では通夜を自宅で行い、葬儀・告別式は、先祖の供養をお願いしている菩提寺、つまり檀那《だんな》寺《でら》で営んだ。

「親父の葬儀を檀那寺でやったのは、お袋のときがそうだったということもありますが、お坊さんが『死』の専門家だからという理由もある。もしかしたらお坊さんも、それがビジネスなのかもしれないけど、態度が葬儀の業者とはぜんぜん違う。お坊さんの言葉からは〝仏ごころ〟が伝わってくるんだよね」

孝儀さんによると葬儀社への発注は、通夜から火葬まではJA、葬儀そのほかは、寺が指定する葬儀社に振り分けたという。そのため、通夜では自宅に祭壇が飾られ、葬儀では寺の須弥《しゅみ》壇《だん》（本堂の中央で、仏像を安置する台座）が使われた。だが、寺の住職から「通夜に祭壇は不要である」という異論が出て、孝儀さんの心に影を落とした。

「葬儀は、（形式等を）わたしたちが選べるようなものではない。自分がいままで見てきたものを参考にしながら、あとは葬儀社の意見を、結局は聞き入れていくしかない。通夜に祭壇がいらないと言われても、あれは葬儀社（JA）がやったこと。わたしが決めたわけではない」

お葬式に対して、なにか釈然としないものが残った。

◉祭壇の意味がわからない

厳密に言えば、祭壇というものは、葬儀のためにある。通夜には不要だ。なぜなら祭壇は、以前の「野辺の送り」が廃《すた》れ、それに換わるものとして発達してきたといわれるからだ。かつての葬儀のハイライトは野辺の送りであった。通夜そして葬儀の後に行われる野辺の送りは、喪家の人々や集落の人々、その他、僧侶などが葬儀の式場もしくは集落などから、土葬や火葬を行う場所まで行列(葬列)を組んで練り歩き、故人を送った儀式だ。仏教の儀式というよりも、民間習俗である。葬列の先頭には提灯《ちょうちん》や松明《たいまつ》を持つ人が立ち、以下、旗や、花籠《はなかご》、香炉、紙花《かみばな》、膳(食べ物)、位牌、柩を覆う天蓋《てんがい》、柩などが続いた。地方によっては鉦《かね》なども加わった。物悲しい行列であった。

では現在、なぜ通夜の際(野辺の送りをする前の段階、つまり葬儀に先立って弔意を受け、遺族が夜伽《よとぎ》をして死者と一晩をかけて最後の別れをするための通夜の段階)に、祭壇を使うのだろうか。

これは、単純に通夜と葬儀の場所が同じになっているという事情が絡むためでもあるだろう。そしてまた、現在の日本では全国的に、葬儀よりも通夜の会葬者数が多く、内容も通夜のほうが盛大になりつつあることが大いに影響していると思われる。いまや通夜は、夜間葬儀式になっており、ちゃんと式次第まで決まり、「通夜式」などと呼ばれているほどだ。逆に葬儀の会葬者は親族ぐらいで、閑散としているというパターンである。まさに本末転倒した状態なのだ。喪主は、葬儀前の慌しい時間のなか、悲しみをこらえながら一生懸命に、葬儀での喪主挨拶を考える。故人の人となりや経歴などを原稿に盛り込んでみるが、当日、葬儀の会場にいるのは故人のことをよく知っている身内ばかり。マイクも不要なほど、人数は少ないということになる。「これなら通夜に喪主挨拶を読み上げておけばよかった」などと後悔まじりに考えてしまうわけだ。

通夜が葬儀のようになるのはどうかと思う。通夜は故人と遺族が過ごすことができる最後の夜だ。そのお別れの場を、弔問客（実際は会葬者）への対応に追われ、遺族は疲労困憊《こんぱい》してしまう。まあ、夜だからお酒が進むし、弔問客が賑やかに故人を偲んでくれるのも悪いことではない。だが遺族の本音は、セレモニーやら接客などは誰かに任せて、故人との別れに心を砕き、弔いの心を故人に向けていたいのではないだろうか。

かつてのお葬式では、地域の共同体や親戚が諸事万端をやってくれた。その反面、葬儀の個性化はありえなかったが、遺族は大切な人の「死」にゆっくり向き合うことができた。死を迎えたいのちを見つめる時間と空間が確保されていた。いくら泣こうがわめこうが、誰にも咎《とが》められない時間。遺族が悲嘆にくれる姿に対して、何か否定的なことを言う資格がある者など、この世にはいないだろう。下手な慰めなどもいらない。ひたすら悲しみに浸《ひた》れる空間と時間だった。

ところが高度経済成長期以降、多くの日本人は地縁と血縁から劇的に解放された。その結果、葬儀内容の選択の自由の幅が広がった。しかし反面、核家族となった遺族がなにからなにまでやらねばならなくなった。その負担を肩代わりするのが、昭和期の中盤以降の葬儀社の役割のはずであったが、会葬者との応対など、プライベートな事柄まで彼らが代行できるはずがない。だから、現在の葬儀では遺族はやたらと忙しい。お葬式をコントロールできる立場にありながら、経験と知識の少なさも手伝い、自分たちで葬儀内容を決められない、という喪家も多い。また、もともと喪家が葬儀内容を自主的に決める伝統は、この国にはあまりなかった。

そして現在。通夜と葬儀・告別式が逆転した。このため、通夜に祭壇がないのではどうにも格好がつかないのだ。

通夜に先立って営まれる枕経《まくらぎょう》での飾りは「枕飾り」と呼ばれるもので、じつに簡素である。枕経というのは、納棺や通夜の前に、まさに枕辺《まくらべ》において読まれるお経、およびその法要を指す。一般的な枕飾りは、白木の枕机《まくらづくえ》に香炉、花器、燭台《しょくだい》、さらに、地方によっては死花《しか》花《ばな》／紙花花と呼ばれる純白の造花を並べる。ほかには、死者の胸に護《まも》り刀《がたな》を置くこともある。

通夜が葬儀のように儀式化される以前、別の言い方をすれば、儀式化された通夜が、葬儀と同じ式場で行われるようになる以前は、通夜にはこの枕飾りくらいしかなかった。だが、現在のような祭壇を見慣れている会葬者にとっては、枕飾りだけでは「貧相な祭壇」などと見えてしまうのだろう。遺族としても、そういう誤解は沽券《こけん》にかかわる。

仮に、通夜では祭壇を飾らずに、葬儀の日だけ祭壇を飾るとなると、通夜の翌朝、葬儀社は夜明け前から式場をセッティングし直す必要に迫られる。葬儀は早い時間に施行されることが多いためである。葬儀社の負担がすこぶる重いということもあるし、斎場の控え室に宿泊する遺族も多いから、それこそ「通夜」の時間を妨げてしまうことになる。実質的に、無理な話だろう。

では、通夜と葬儀が別の会場で行われる場合はどうだろうか。地縁と血縁による葬儀が営まれていたころは、通夜における法要は、決して一般的ではなかったという。しかし極力、枕経は行われた。現在でも、過疎地や離島のように僧侶が足りない地域では、僧侶は通夜に関与しないこともある。通夜の本質は、法要ではないのだ。

いまは全国的に、枕経を希望する喪家が減ってきているそうだが、その代わり、「通夜式」なるセレモニーに、法要・読経が組み込まれたかたちで行われているわけだ。

なお、葬儀社の料金というものは、「祭壇費」という名目でのセット料金ということになっている場合が多い。すると、祭壇の発注がない場合は利益が計上できないことになる。

他県のケースでは、ＪＡ（旧農協）が葬祭業へ参入してきたとき、先行の地元業者との折り合いをつけることになった。農村部ではＪＡは絶対的に強い。ＪＡが取ったのは祭壇。それ以外のこまごまとした業務を地元の業者に「回してくれた」そうだ。地元業者は「葬儀社にとって、祭壇をもっていかれたら死活問題。営業が成り立たない」と憤慨していた。

祭壇を設置することは、葬儀社の収入を確保するということでもある。

◉自分の建てた店の座敷で納棺

石原作太郎さんの葬儀に話を戻そう。

壮絶なまでの作太郎さんの最期。まるで小説の題材になりそうな在宅でのホスピスケア。息子たちが頑張り、医療スタッフもできる限りのサポートをして、みなで成し遂げた在宅での看取りだった。だが、その延長線上にあり、故人の人生のエピローグを飾るべき葬儀に、孝儀さんたちはすっきりしないものを感じてしまった。それでも孝儀さんは葬儀を遂行し、亡き父をちゃんと送ることに余念がなかった。

通夜ではまず、地元の念仏講の婦人たちに念仏三昧《ざんまい》をしてもらった。念仏講というのは、仏教の念仏を修行する信者の集まりで、宗派や寺院とは関係しないことが多い。月に一回程度集まり、みなで念仏を唱える(これを念仏三昧という)。参加者はおもに女性である。かつては全国各地に存在したが、いまではその数は減っている。石原さんの家の近くには、この念仏講が残っている。

念仏三昧の後、檀那寺の住職が来て読経した。作太郎さんとの最後の夜を過ごし、翌朝、布団のまま二階から下ろし、店の座敷で納棺をした。そして火葬し、遺骨を持って寺へ。葬儀・

告別式を営んでから、墓への納骨もこの日に済ませた。墓は、寺の境内にあった。

「やり遂げた」

これが、父を送ったあと、石原孝儀さんの胸にこみ上げた想いだった。

取材のとき、孝儀さんに「葬儀の写真があれば貸してほしい」と頼んだ。すると、「一枚もない」という。孝儀さんが顔を輝かせながら、その理由を語る。

「写真に撮るのもいいけれど、お葬式を思い出すためにはいちいちアルバムを引っ張り出さなければならない。それよりも『心の写真』だ。これを何枚も撮っておけば、いつでも、何枚でも、わたしは心のなかから親父の写真を引き出すことができるんですよ」

孝儀さんは、しっかりとお葬式、つまり父との別離の儀式のすべてを見つめ、「心の写真」に収めているのだった。

お葬式全般について、なにかほかに印象に残っていることはないか、聞いてみた。すると、「会葬者のみなさんに『あんなにいい父親はいなかった。やりたいことを思う存分やった人だ』と言っていただいたことが、嬉しかったですね」と孝儀さん。

生きとし生ける人間なのだから、大なり小なり、善悪取り混ぜた人生を送るのは当たり前だ。だが、葬儀で悪事を暴かれるより、評価をされたほうがいいに決まっている。遺族にとって、「お気を落としませんように」とか「ご愁傷様でした」、はては「落ち込むなんてよくない。前向きに生きなさい」などと一方的に励まされるより、よほど励みになるのが故人への賞賛ではないだろうか。お葬式というものは、そういう声に触れることができる機会でもあるのだ。

このほか、孝儀さんは「死装束を着けるときに感じた体の冷たさ」に、非常に驚いたそうだ。「見た目にはただ寝ているだけ。そのまま起きてくるんじゃないかと思うほどの穏やかな寝顔だったけれど、親父の体に触れたときに、すごく冷たくてびっくりした。そのとき、『あー、親父は死んだのか』と思いました」

孝儀さんへの取材は、父・作太郎さんの死去からおよそ五カ月後、いまや名実ともに孝儀さんが引き継いだ「寿し鐵」の座敷で行った。作太郎さんの納棺が行われた座敷だ。

在宅にこだわり、息子たちがそれを叶え、自室で息を引きとった作太郎さん。そして、自分が育てた店で柩に納められたのだから、まさに作太郎さんの本望だったのではないだろうか。

昔気質で頑固者の作太郎さんらしい、最高の舞台であった。

わたしは「いい場所で話が聞けた」と、強く思った。

◉死を密閉したがる最近の風潮

もしかしたら、石原さんの寿司店「寿し鐵」の常連ではなく、一見客《いちげんきゃく》に「ここで先代の納棺が行われたのだよ」と告げると、そこに座って食事をすることに抵抗を感じる人がいるかもしれない。しかし、常連客だったらそんなことはないだろう。それは、作太郎さんや孝儀さんたちの「ドラマ」を知っているからにほかならない。ここは、父子の願いが叶えられた場所なのだ。「死体」ではなく「遺体」を納棺したことを常連客たちは、知っているからだ。

英語ではdead bodyの一語で表す意味を、日本人は「死体」と「遺体」という二語で使い分けている。同じような使い分けとしては「人骨」と「遺骨」がある。この使い分けに、「二人称」や「三人称」などの分類をせず、他者の死を悼んで弔う気持ち、言い換えれば、他者の死であっても、特別な配慮をする日本人の心を見出すのは、わたしだけであろうか。

だが、コマーシャリズムが遺体を死体にしてしまっている。その例がホテルの「お別れ会」だろう。かつては社葬といわれたセレモニーであるが、その多くは現在、「お別れ会」や「偲ぶ会」という名称になって、おもにホテルで施行されている。だが、ほとんどのホテルでは「火葬前の遺体」でのセレモニーを禁止し、遺骨を安置することしか認めていない。祝いごとの会場にもなるホテルに「dead body」が置かれることに対する抵抗だ。

臭いが嫌悪され、ホテルでは焼香も禁止されている。もっとも、こういうセレモニーは無宗教が一般的なので、焼香ではなく献花方式でも問題はないのだろう。しかし、いのちの最後を締めくくる舞台ともいえる葬儀式のあり方を、商業上の理由で左右してしまっているという現実が、なんとも味気ない。なかには、遺骨さえ不在のお別れ会もある。遺体も遺骨もない祭壇の中央には、遺影写真だけが飾られているわけだ。

ホテルでのお別れ会は、献花後にはそのまま宴会室でパーティというパターンが多い。遺骨も遺体もない状態は、わたしには「故人が不在」に思える。会葬者は、御神体でも御本尊でも仏様でもない遺影を拝み、食事をしながら歓談する。これではもはや、追悼宴会だろう。なにもホテルだけとは限らない。寺院のなかにも「寺で葬儀を行うときには火葬後にお願いします」などと通達を出すところがある。

現実問題として、死後数日が経過すれば腐敗などによって非衛生的な事態が生じるかもしれない。だが、ドライアイスが普及した現在、葬儀までに何日もあけなければ、自然死の場合には腐敗がひどくなることはほとんどない。だから、通常は遺体が「不浄」ということは言えないのではないだろうか。

衛生上の問題よりも、むしろ日本人が抱く、「死を忌避する感情」が、ホテル等での遺体拒絶に結びついているのではないか。ナンセンスな話だ。キリスト教会では結婚式だろうが葬式だろうが追悼ミサだろうが、すべてが同じ場所で抵抗なく行われるというのに。

葬儀における遺体を「死体」とみなすということは、もうその時点で弔いの心が欠如しているように思われてならない。

◉死んでも「そこにいる」感覚

父・作太郎さんの死から半年近い時間が経過し、孝儀さんの心境には、なんらかの変化があったのだろうか。

「じつは、親父が生きていたころとあんまり変わっていない。火葬もしたし、お葬式もやったし、納骨もしたんだけど、なにか近くにいる感じ」と孝儀さんは言う。

「うちは特別かもしれないけどね。親父は声が出なかったから、こちらが気づかなければ、親父が何か言ってたとしても周囲はわからない。二階で寝ていても音もしないし。ある意味、死ぬ前から幽霊みたいな人だった。だからいま、二階で物音がしないときでも、なんだか親父が寝ているんじゃないかって、そんな気がする。実際に二階へ行けば仏壇があるし、遺影が飾ってあるので、親父がいないことはわかるんですがね」

どこか遠い世界へ旅立ったとは思えない、という。「死んで」も、そこに「居る」。死んでいる、のだ。

じつは、孝儀さんの感覚は特別ではない。親しい人の死、いわゆる二人称の死を受け入れた人たちが同じようなことを言うのを聞いたことはないだろうか。これは、感覚の麻痺とは違う。親しい者の死に衝撃を受けて、感覚が麻痺することはあるが、そういうときには、「近くに感じる」こともできない。

孝儀さんは、たまに父親の夢を見るそうだ。夢のなかで、作太郎さんが声を出しているかどうか聞いてみた。すると、「そういうときもあるし、そうではないときもあるかな。ただ、わたしが苦しんでいると、親父が出てきて助けてくれる——というような夢ではない。親父が遠くに行くのを引き止めるような夢でもない。楽しかった思い出などを回想する夢が多いです」

とのこと。

「親父の介護をしていたころ、店が終わってからは、その日のことを親父に報告するのが日課でした。お客さんの入りがいい日は、『オッケー』と言ってくれたもんです。その習慣がついているためかもしれないけど、いまでも毎日、親父に報告してますよ」

孝儀さんが布団に入ると、壁にかかった作太郎さんの遺影が、ちょうど孝儀さんを覗《のぞ》き込むような状態になる。

「口にこそ出しませんが、親父の顔を見ながら、その日のことを話すんです」

今日も、作太郎さんと孝儀さんのあいだでは、業務報告が行われているに違いない。

石原さんのように父の意思を尊重し、その望みを実現した場合は、一種のカタルシス（感情の解放、快感）や達成感を感じるのではないだろうか。人の死でカタルシスなどと書くと誤解されそうだが、肉親との死別に心を動かさないような人では、こういう感覚はないと思われる。

◉死を見つめ、自分らしく逝く

孝儀さんの話の端ばしには「達成感」がにじみ出ていた。悲しみはあまり感じていないそうだ。しかし、作太郎さんの死が避けられないことが決定的になったとき、じつは死に逝く作太郎さんよりもむしろ、周囲の孝儀さんたちのほうが動揺した。

その動揺は、看取りのなかで徐々に解消され、現在は「すっきり」した状態とのことだ。いまや喪失の悲嘆(グリーフ)を感じていないようにも見える。なぜだろうか。故人を深く愛していれば、グリーフは深いと思われるのだが。

理由として考えられることは、孝儀さんたち遺族が、二人称の死の後に起こるグリーフを、作太郎さんの生前、すでに先取りしてしまったためということだ。

ここでひとつ、質問をしたい。死ぬのは誰か。それは言うまでもなく「死者本人」である。それが一般的な答えだろう。では、別の質問をしよう。死を経験するのは誰であろうか。ここで聞いているのは「死ぬ人」ではなく、「死を経験する人」である。その答えは、「死者本人」とは限らないのではないか。

二人称の死の場合、その死を見つめる遺族も同じような重さで死を経験するようである。ジャンケレヴィッチの言葉を借りれば、二人称の死とは「この死は、私の死ではないにもかかわらず私の死にもっともよく似ています」と的確に、そして示唆的に述べている(V・ジャンケレヴィッチ、原章二訳『死とはなにか』青弓社)。

これが、「予期悲嘆」といわれるグリーフの先取りである。研究者たちによると、予期悲嘆を乗り越えるためには、本人とその家族がちゃんと死を見つめることが前提とされる。一方、生存の望みがあまりない患者に対して、緩和ケア等の終末期ケアではなく、検査と治療を繰り返したり、医療機器のちからに頼って、過剰な延命治療を施したりしている病院や家族は、死を受け入れていないともいえる。死から顔を背けても、死は避けられないのだ。

過剰医療を選択しても、本人には意識もないし、集中治療室にでも入れられた場合は面会も思うようにいかない。死に逝く人の枕辺で、家族が患者のそばに寄り添うことに勝るスピリチュアルな癒しはないといわれる。過剰医療を与え続けた達成感と、本人も家族も悔いのない看取りをやりとげた達成感、どちらが幸福だろうか。

本人もしくは遺族に悔いが残るような終末期では、死後、遺族は自分を責め続けてしまうことがある。悔いの残らないターミナルを過ごした人々の葬儀は、やはりなにか違うそうだ。

現在、葬儀のかたちは千変万化《せんぺんばんか》し、喪家や地域の事情も多様化しているから、「いい葬儀」に定まった答えなどはない。しかし、印象に残るような葬儀というものはある。東北のある葬儀社の社長は、「わたしが思うに、『いい葬儀』というものは、故人や遺族の身の丈にあった葬儀である、ということです。故人の人生が自然体でにじみ出る葬儀の内容や規模。そういう葬儀が心に残る葬儀ではないでしょうか」と述べる。

葬儀業界では「葬儀を見れば人生が見える」とも言われる。いい葬儀で送られる人は、いい人生を送った人であり、最期まで、その人らしい姿で幸せに生き抜いたということになるようだ。幸せに生き抜くためには、死を見つめ、幸せに死に切ることが肝要である。そのことは、石原作太郎さんの終末期が教えてくれたとおりだ。

近畿圏のある葬儀社の社長が、こう語る。

「わたしたちが『いい葬儀だ』と思うような葬儀をやる喪家は、本人が死ぬ前から家族間で死や葬儀についての話し合いができているようです」

逝く人と送る人がちゃんと死を経験したかどうかということは、看取りを完結させるためにも、つまり、人生を完結させるためにも、とても重要な作業であると思われる。

コラム

病院でちゃんと死にたい——看取りの心得と作法17カ条

在宅での看取りならば、死に逝く人と看取る人の双方が、きちんといのちに向き合うことができる。ところが病院となると、ホスピス病棟や緩和ケア病棟でなければ、それは困難であるようだ。ホスピスというのは、キリスト教圏で発達した緩和ケア施設のことである。この仏教版が「ビハーラ（病棟）」。ビハーラはサンスクリット語で寺院とか安住の休息地という意味で、新潟県の長岡西病院で田宮仁さん（現・淑徳大学教授）が一九八五年に提唱、実践を始めた。

危篤状態になって救急で運ばれる場合、基本的には病院は選べない。たまたま搬送先の病院にスピリチュアルケアに関心を寄せ、過剰医療の弊害を快く思わない医師や看護師でもいれば別だが、遺族や本人の思いや死生観よりも、病院側の都合が優先されるのが通例だろう。なお、過剰医療の弊害とは、医療費が膨大になるということだけではない。過剰医療が、家族から充分な看取りの時間と環境を奪いかねない、ということだ。

集中治療室では、看取りの時間などは確保されない。ベッドサイドに面会用の椅子もなければ、幼児の入室は禁止ということは当たり前だ。集中治療室には何人もの患者がいる。ほかの患者に対して処置がされるときは室外へ出される。家族が見守りながらの臨終など、望むべくもない。

看護師として勤務した経験をもとに、終末期看護に仏教の視線を取り入れた「仏教看護」を提唱したことで知られる前・飯田女子短期大学教授の藤腹明子さんは、「問題だなと思うのは、看護師や医師が、まるで自分は死なないとでもいうような高い位置から、終末期のご病人を見ていることです。自分たちもいつかは同じような状態になることに気づけば、病院は、もっと違った環境になると思います」と言う。一方の患者や家族は、迫り来る死を前に慄《おのの》いているかもしれないというのに、これでは両者の間に溝ができて当たり前だろう。藤腹さんによれば、戦前生まれのドクターやナースたちのほうが、患者の死に対して、もっと敬虔な態度を示していたという。医療技術が進歩し過ぎて、医療から人間性が失われてしまったのだろうか。

しかし、嘆いてばかりもいられない。緩和ケア病棟がなく、医療スタッフに死に逝く人や家族の抱えるスピリチュアルな痛みへの配慮が足りないような場合、どうすれば病院内で充分な看取り、言い換えれば「ちゃんと死ぬこと」が可能だろうか。

「そういう病院では、心ゆくまで看取りをすることは難しいかもしれませんが、まずは看護師や医師と信頼関係を築くことが大切ではないでしょうか」と藤腹さん。信頼関係がなければ、希望も伝えられないからだ。
藤腹さんは、「看取りの心得と作法一七カ条」を提唱している。死に逝く人と家族だけではなく、医療従事者にとっても示唆に富む内容であるので、以下紹介したい。

第一カ条　看取りの基《もとい》は、「いのち」への限りなき畏敬と思い遣《や》りなり
第二カ条　看取りの最初の心得は、看取りし者もいつか必ず死を迎えると自覚することなり
第三カ条　看取りは、死の前には無力なる自分自身を知ることから始まるなり
第四カ条　看取られる者は、末期がん患者のみならず死に臨む人すべてなり
第五カ条　看取りの期間に長短あれども、およそ三月《みつき》が大事と心得よ
第六カ条　看取り・看取られる者共々に、真実《まこと》を語り合うことこそ大事なり
第七カ条　看病・看死・葬送は、切り離しては考えられぬものと心得よ
第八カ条　看取りは、この世からあの世への橋渡しなり
第九カ条　病者の「願い」を第一に、看取ることが大事なり
第一〇カ条　看取る者は、己が役割・立場を心得て臨むことが大事なり
第一一カ条　看取りは、病者本人のみならず、家族も含めて見護《みまも》ることとなり

第一二カ条　看取られる者・看取る者共々に、最期の瞬間《とき》に「救い」をめざすべし
第一三カ条　看取りの在りようを左右するは、看取る者の生死観《しょうじかん》なり
第一四カ条　看取りの善し悪しは、本来看取られる者が言い得ることなり
第一五カ条　人の臨終・死後処置にかかわるは、偶然でなく必然なり
第一六カ条　看取られる者・看取る者共々に、心残りや憂《うれ》い無きよう励むべし
第一七カ条　看取りとは、看取りし後も続くものなり

（藤腹明子『看取りの心得と作法17カ条』青海社）

第3章

お葬式を求める人々

――追悼と安心

◉ボウサンに会いに行く

南米特有の大きな赤く埃《ほこり》っぽい太陽が、遠い平原をめざして降下を始めていた。四〇度を超えるひどい暑さも、日暮れ時を迎えると、少しはしのぎやすくなってくる。

南米ののどかな農業国・パラグアイ。首都のアスンシオン市をバスで出発してから約三時間。ようやくラ・コルメナ市(パラグアリ県)に到着した。ラ・コルメナは、一九三六(昭和一一)年にパラグアイで日本人が最初に入植し、開拓した移住地である。周囲の小高い山々と緑の多さが、なんとなく日本のどこかの地方の村里《むらざと》を思い起こさせるようだ。

人口六〇〇万人のパラグアイには現在、日本人移住者とその子孫の日系人が七〇〇〇人ほど暮らしているという。約七〇年にわたる日本人移住史の出発点が、このラ・コルメナだった。だからここは「日系移民の発祥地」とも称される。かつてはまったくの日本人村だったという。現在の日系人口は約三五〇人といわれ、同市の人口のわずか六%ほど。

ラ・コルメナというのは勤勉な日本人にちなんで付けられた名称。パラグアイの公用語のひとつであるスペイン語で「ミツバチの巣」という意味である。

第二次世界大戦で日米が開戦すると、「米国の裏庭」とされた中南米諸国は一斉に対日国交の断絶および対日宣戦布告を通達した。このため在留日本人は敵性外国人のレッテルを貼られ、資産没収や逮捕・拘留などの状況に追い込まれた。パラグアイでは、同国内のほとんどの日本人がラ・コルメナに集められ、移動の自由が禁止された。ラ・コルメナはパラグアイの日系移民の発祥地であり、激動の歴史の舞台でもあった。

わたしを乗せたバスは、ラ・コルメナのメインストリートらしい未舗装の道路を進んでいく。午後七時だというのに、外はまだかなり明るい。学校や集会所、雑貨店や住居が密集しているあたりが中心部なのだろう。

一九三八年、親と一緒に一六歳で同地へ入植したという古参移住者の三井波夫さん夫妻とともにバスを降りる。道が赤く見える。このあたりの土が、真紅に近い赤土《テーラ・ロハ》だからだ。道にはハンドボールほどの大きさのある石が敷き詰められている。この赤土は、雨が降るとペースト状となるため、石でも敷かなければ人も歩けず、車も進まないのだ。

その道を、三井さん夫妻とともに歩いていく。するとまもなく、彼らの息子夫婦が経営する富士見ホテルに到着した。雰囲気としてはペンションもしくは民宿である。町外れに位置する、静かなロケーションだ。

「富士見」とは、富士山が見えるということだ。もちろんパラグアイに富士山はない。しかしここには、日本人移住者が名づけた「コルメナ富士」という眉目秀麗《びもくしゅうれい》な山がある。きっと、ホテルからその山が見えるのだろう。

この日の朝、わたしはアスンシオンの日本人会グランドにいた。グランド横の日本人墓地を取材するためだった。当日、日本人会グランドでは三世代交流ゲートボール大会が開かれていて、ラ・コルメナからも選抜チームが参加していた。彼らはバスを借り切り、アスンシオンまで来ていたのだった。そのなかに三井波夫さんがいた。アスンシオン在住の知人から、「ラ・コルメナのことを聞くなら、三井さんが適任」と教えてもらっていたため、競技の合間に三井さんに話しかけたのだった。

ラ・コルメナの移住史などを聞いていくうちに、「ラ・コルメナにはボウサンがいるよ」と三井さんが教えてくれた。そこで、同地へ帰る三井さんたちに同行させてもらった。

〝坊さん〟といっても、おそらくは日本の宗派の資格などは持たない在野の宗教家だろう。正式な修行経験はないが、一部のお経を唱《とな》えることができる人。南米の日本人・日系社会には、なくてはならない存在だ。戦前は、北米や南太平洋など、各地の日本人社会では、こういう人たちが活躍していた。

彼らは、ほかの国では読経師《どきょうし》とかお経読みなどとも言われるが、もともとは移住者。ここでは便宜上「読経師」と書くことにするが、みな、読経が本業ではない。なかには、幼年時代は日本の寺で育ったり、移住前は僧侶の資格を持っていた人もいないことはないが、いずれにしても移住者として渡ってきた人たちだ。移住後に、入植地でお経の唱え方をマスターし、読経師になった人もいる。

ラ・コルメナの読経師は、この土地ではもうその人が最後なのだという。後継者がいないというのだ。これは、ぜひお会いせねばと思い立った次第である。だがそれだけではない。日本人の血と汗と、文字どおりの生命を吸い込んで発展してきたラ・コルメナ移住地に自分の足で降り立ち、かの有名なコルメナ富士を自分の目に焼き付けたかったためでもある。

ラ・コルメラを案内してくれた三井波夫さん。

わたしは葬儀のほかに、日系移民に関する記事も書いている。わたし自身は日本人だが、九〇年代の四年間、ペルーに住んでいた。そのとき、「ペルー新報」という現地の日系コミュニティ向けのミニコミ新聞で記者をやっていたことがある。また、現地で日系ペルー人と結婚した関係もあり、日系への思い入れがある。その後日本へ帰国してから、葬儀に関する記事を書く機会を与えてもらうようになるのだが、じつはその仕事も、ペルー時代に日系の信仰史や葬儀を調査した経験が縁になった。

そんなわけで、パラグアイへ取材に行く際にはラ・コルメナを必ず訪問したかった。三井さんはじめ、現地の日系の方たちの協力のおかげで、ついに憧れのラ・コルメナにたどり着いたのだった。

◉人命と引き換えに発展した移住地

富士見ホテルを経営する三井さんの息子から鍵を受け取り、あてがわれた部屋で荷を解く。そして、ノートとカメラなど必要なものだけをカバンに詰め込んでホテルのロビー兼食堂へ行くと、お茶を飲んでいた三井波夫さんが「ボウサンに会いに行くなら、すぐ行こう。もうすぐ日が暮れるから」と提案する。

三井さんは長野県出身。口調はしっかりしており背筋も真っ直ぐで、八〇代の高齢者にはまったく見えない。しかも、教養がにじみ出るしゃべり方といい、ひとかどの人物であろうことは容易に察しがついた。

三井さんに促され、彼が運転するランドクルーザーに乗り込んで出発する。三井さんは、八〇代とは思えない迫力ある運転で、牧草地のなかの道を土煙を巻きあげて飛ばしていく。日没まで時間があまりなかった。助手席から見る彼の陽に灼《や》けた横顔は、精悍《せいかん》そのものだ。ラ・コルメナの大地と格闘した半世紀以上の歳月が年輪となり、その顔に刻まれていた。

「入植当初は、本当に苦労しました。ここには病院がないし、アスンシオンまではいい道がなく、病人を運ぶときは馬車が使われていました。そもそもみな、お金を持っていなかった。

病気になっても、充分な治療は望めませんでした。食べ物もとても粗末でした」
そのうえ重労働。滋養がつかず、いろいろな感染症で死亡する人たちも少なくなかった。とくに、乳幼児に死亡者が多かったという。

約一万一〇〇〇ヘクタールの原生林に、最初は約一〇〇家族が入植した。三井さんの一家が入植したのは、第一回移住から二年後の一九三八年。作物の収穫も伸び悩み、たびたび襲来するバッタの大群による食害で、耕地から退去する家族が相次いだ。

同国の日本人入植地はラ・コルメナを皮切りに各地に広がっていった。そして幾多の困難を乗り越え、いまや日本人たちはパラグアイでの成功者とみなされるに至った。とくに、それまでは野菜をほとんど食べなかったパラグアイの人々に菜食という食文化を教えたほか、農業技術の革新にも大いに貢献し、南米有数の農業国へと成長させたのは日本人の功績である。なかでも日本人が普及に尽力した大豆の生産は特筆に価し、パラグアイは現在、世界第四位の大豆輸出国になっている。だがその陰には、たくさんの日本人、とりわけ乳幼児の貴いいのちの犠牲があった。

もちろん、入植地には僧侶などいなかった。同国の国教であるカトリックへの改宗も進んでいなかった時代にあっては、日本人たちの葬儀と、一周忌や三回忌などの法要を誰がやるのかということが問題になった。

◉日本式のお葬式が熱望された

現在の日本では「葬儀などに魅力を感じない」と言う人もいるし、葬儀の内容もカスタマイズ（商品の個別化・差別化）が目立つ。だから、現代の感覚で言えば「だったら、パラグアイの日本人たちも葬儀などやらなくてもよかったのではないか」ということになるのだろう。だが、「移住して成功を手に入れる」という人生の目標を果たせずに、遠い異国で夭逝するということは、死に逝く本人にとっても、そしてまた遺される人にとっても、ほかに比較できないほど衝撃的で悲しく、やるせない出来事だった。

死に逝く人は「日本式の葬式でわたしを送ってほしい」と希望し、遺族や仲間には「せめて葬式ぐらいやってあげたい」という切実な思いがあった。

だが、肝心の僧侶がいない。しかし手をこまねいてはいられない。どんな社会でも、人には生老病死がある。ましてや生活環境の苛酷な入植地である。傷病者の発生は途切れることがなく、しかも、前述したように乳幼児死亡率はかなり高かった。開拓してから、農業経営が軌道に乗るまでは、どこの入植地でも死の影が色濃いことは、当たり前だった。

そこで移民のなかから自然発生的に「お経が読める人」が選ばれ、葬祭を担当するようになった。各国の移住地でも状況は似ていた。どこでも同じように「読経師」が生まれ、簡素な葬儀と法要を営むようになった。ただし、移住地では葬儀の形式や仏教の宗派を選ぶ余地などはなかった。

日本の仏教の各宗派を横断する共通経典というものはない。そこで、なにかひとつのお経を唱えるということは、「どこかの宗派のお経を読む」ということになる。だが、移民たちの日本の実家の菩提寺は、さまざまな宗派に分かれている。読経師は特定宗派のお経を読むことは読むのだが、それは形式的なことであったし、それしか知らなかったともいえる。それよりも何より、読経師も移民も「宗派」を問わなかった。日本式のお経があれば、それでよかった。といっても、読経師は日本のお葬式の正式な式次第や作法など知らなかった。だから、出棺の前に読経して会葬者が焼香するといった、簡素な葬儀にならざるを得なかった。

読経師はたいてい、本業を別に持っていた。お布施はもらうものの、読経を生業《なりわい》にしていた人は少ない。なかには、絶対にお布施を受け取らなかった人もいる。

現在は、日系人の世代交代が進むにつれて読経師に対する需要が減り、これまた各国で読経師が姿を消しつつある。これから訪問するラ・コルメナのボウサンこと関勇寿《ゆうじゅ》さんも、この地での最後の読経師とのことだった。

三井さんの駆るランドクルーザーは、途中で山道のような細道へと分岐し、車体を上下に大きく揺らしながら進んでいった。そして、眼前の視界が開けたと思ったら、そこに大きな一軒家が現れた。軒先ではひとりの老人が安楽椅子にもたれ、あたりを歩いている鶏を眺めながら、ぼんやりと夕涼みをしていた。

「勇寿さーん！」

三井さんが声をかける。老人は振り返り、三井さんを目で捉えた。老人は、あまり抑揚のない声で答える。

「おー、珍しい御仁が来たなあ」

安楽椅子を揺らすのをやめて、ゆっくりと立ち上がったこの人が、関勇寿さんだった。

◉経本は古風な和綴じ本だった

「最近は、物忘れがひどくなってしまった。なんだか自分の歳も忘れましたよ」

関さんは苦笑しながらそんなことを言う。だが、口調ははっきりしていた。関さんの夫人がお茶を運んでくる。やはり、日本の客人に対しては緑茶である。パラグアイに入国後、初となる緑茶をいただきながら、彼らの話に耳を傾ける。

関さんが夫人と年齢を確認すると、「今年(二〇〇七年)で満八八歳」とのこと。すると一九一九(大正八)年の生まれだ。出身は、群馬県。伯父一家につれられて、ラ・コルメナへの第一回入植者として、一九三六(昭和一一)年、一六歳のときに日本から移住してきた。

感情の起伏の少ない関さんの顔は、古びた仏像の顔のようにもみえる。この人の顔にも、移

ラ・コルメラの最後のボウサン、関勇寿さん。

住史という年輪が刻まれていた。

三井さんがわたしを紹介する。

「勇寿さん、この人はペルーの日系新聞の編集長をやっていた人だよ。ボウサンの仕事について聞きたいそうだ」

「あまり話すことはないが」と話す関さんに、まずは自己紹介をしながら、「経文はなにを使いますか」と尋ねてみた。読経師は〝超宗派〟の存在であるとはいえ、使う経文によって、その読経師の宗派的な背景が見えることがある。関さんは、「ちょっと待ってください」と席を立ち、家からなにか持ってきた。テーブルの上に、古びた木箱と一冊の冊子が載せられた。

「これがお経です」

木箱のふたには「南無阿弥陀佛」と大きく墨で書かれている。関さんがふたを開けると、これまた年季の入った和綴じ本が現れた。大きさはだいたいA4サイズ。青色の表紙は色褪《あ》せ、ところどころ落剝《らくはく》していた。奥付を拝見すると「文明十七年」とある。なんと西暦一四八五年、応仁の乱が終息してから八年後。時は室町時代だ。むろんその当時のものではなく、文明一七年に書かれたものを、明治初期もしくは江戸期に木版刷りしたもののように見受けられた。しかし、どのみち古いものである。和綴じの古い経本《きょうほん》を使う読経師は、他の地域にも探せばいるのかもしれないが、わたしの経験では、これまで会ったことがなかった。

一方の冊子であるが、表紙にはザラ紙が貼り付けられていた。何回も使い、表紙が擦り切れたのだろう。表紙にはマジックで「真宗勤行集《しんしゅうごんぎょうしゅう》」と書かれている。いわゆる「赤本《あかほん》」と呼ばれるもので、これは浄土真宗本願寺派が門徒《もんと》向けに発行している経文集だ。

関さんは、葬儀と法要では通常、「礼讃文《らいさんもん》」(三帰依文《さんきえもん》)と、「仏説阿弥陀経《ぶっせつあみだきょう》」を読むそうだ。

「これらは、小原さんにもらいました。わしは小原さんに教わって、ボウサンになったのです。しかし、ボウサンになることには抵抗がありました」

関さんによると、ラ・コルメナには昔、「先輩のボウサン」がいたそうだ。

◉「移住地に弔いは不可欠」と説いた先人

その「先輩」は、関さんの隣に住んでいた小原甚三郎さんである。もっとも、隣といっても隣家まではだいぶ離れていたが。小原さんも移住者だった。

ラ・コルメナ移住地がスタートしたのは一九三六年であることは前にも書いた。同地への移住は、日本の国策として行われ、当時の拓務省が指導していた。移住初期には、隣国のブラジル在住の日本人のうち、熱意と経験豊かな数家族を「指導移民」という名目で導入し、移民の中核と位置づけていた。小原さんも、指導移民のひとりとして一九三六年にラ・コルメナに入植してきた。ブラジルに渡る前は、北海道の開拓に従事し、材木を扱う仕事をしていたという。

北海道開拓の最初期も、死者が続出した。

北の大地の開拓者としては屯田兵《とんでんへい》がよく知られているが、開拓をしたのは屯田兵だけではない。明治政府は当初、本州の監獄にあふれていた政治犯の対策を兼ねて、彼らによる北海道開拓を立案。一八八一(明治一四)年から終身労働につかせた。だが、虐待と栄養失調等による傷病者・死亡者がおびただしく出たため、明治二七年には終了せざるをえなかった。そこで「タコ」と呼ばれた拘禁労働者が北海道の外から連れて行かれた。彼らの多くは貧乏書生や博徒《ばくと》だった。募集を請け負った業者は「一年も働けば大金持ち」などという甘言《かんげん》を弄《ろう》して、金に困った人々を次々と北海道へ送り込んだ。

だが、往復の旅費は前借、宿舎も食費も理不尽な高価であり、自動的に借金がかさむというのが実情であった。実際には何年働いても故郷に錦を飾るどころか、いつまでもタコ部屋に縛り付けられた。三年働いても貯金などまったくできなかったらしい。

脱走は不可能で、脱走を試みた者はなぶり殺しにされた。さらに、脚気《かっけ》の予防法がまだ確立していなかった当時、脚気になった「タコ」は、道端に投げ出されたという。それが北海道開拓の最前線だった。そこは死者に満ちていた。

医者もいなかったが、僧侶もいなかった。不幸な死者のため、残された者たちができることといったら、せめてもの弔いに仲間内の誰かがお経を読み、みなで死者の冥福を祈ってあげることぐらいだった。僧侶はいなかったが、ある意味で、葬儀の「原風景」がそこにあった。

とはいえ、いま我々が目にするような形式ばったセレモニーのようなお葬式ではない。海外の日本人移住地同様、埋葬する前に経文を読んで焼香をするのが関の山であった。線香がなければ焼香も省略されただろう。だが、死ぬ逝く者は「葬儀をしてもらえる」という安心のなかで死ねた。周囲の者も、故人を弔うことで安堵《あんど》を覚えた。

関さんに経文を渡した小原さんも、北海道ではボウサンだった。

「誰かがお経をあげなくては、新天地での移住事業は成功しない」というのが小原さんの持論だったという。理不尽な死に対する怒り、明日はわが身という戦慄、ねんごろな供養を受けない死霊への本能的な恐れ。「誰かが不幸な死に方をすると、いろいろ嫌な気持ちになる。みなで葬儀を出すことで、丸く収まるようになる」と小原さんは言ったという。逆境の地でこそ、葬儀は求められた。

小原さんは葬儀の必要性について、熟知していた。彼がラ・コルメナに移住してきたときは、すでに壮年である。関さんはまだ少年だった。小原さんはこの地でも、多くの移民の葬儀と追《つい》善《ぜん》法要を営んでいたが、やはり普段は、自身も開拓農であった。

三井さんによると、「小原さんは人格者で、開拓魂《だましい》を持った人でした。村の指導者のひとりだった」という。

じつは、ブラジルから入植した指導移民の多くが退耕（耕地からの転出、脱退）をしていた。ブラジルの開拓農法をそのまま直輸入しても、土壌と気候の違うパラグアイでは成功しなかったためだ。しかし小原さんは、ラ・コルメナに死ぬまで踏みとどまったひとりだった。

◉ボウサン・関勇寿の誕生

一〇年の月日が流れ、関さんは青年になった。ある日、老境の小原さんがラ・コルメナの青年を四、五人呼び出し、「お経を覚えないか」と勧誘したことがあった。そのなかに、関さんと関さんの弟がいた。ボウサンは小原さんだけだった。彼は、自分が死んだあとのことを真剣に心配していた。しかし、青年のうちで読経をきちんと覚えたのは関勇寿さんだけだった。こうして、ラ・コルメナの第二代ボウサンが誕生した。経本は、そのとき継承した。

「やりたかったわけではない。じいさん（小原さん）が死んだのでしかたなく引き受けたのです」と、関さんは言う。「出家しよう」「得度《とくど》しよう」と思ったことはまったくないそうだ。

「一度、ブラジルから（浄土真宗本願寺派の本物の）坊さんが来て、『ブラジルで一カ月ぐらい修行すれば僧侶になれる』と誘われたんだが、わしがいなくなったら畑はどうなるというのか。家族も干上がってしまう。当然、断ったよ」

一世（日本からの移住者）が現役の時代、読経師たちへの需要は各国で高かった。一世は自分自身だけではなく、子、家族、自分たちの同僚を弔う際には「日本的なもの」をできる限り求めた。しかしその一方で、ほとんどの国では社会に溶け込むという便宜上の理由もあり、一世たちは、二世には現地の宗教の洗礼を受けさせている。中南米はカトリックが事実上の国教であった。

その一世たちが亡くなると、二世の反応は各国で微妙に分かれた。

ある人たちは「わたしたちはカトリックなのだから、異教徒の葬儀などはできないし、参列もしない」と主張し、別の人々は「わたしたちはカトリックだけれども、親の葬儀は親の宗教で営んであげたい」と希望した。両方の葬儀を行うというケースもあった。

ここでいう「親の宗教」という言葉で二世が想像するのは、ほとんどの場合が仏教であり、宗派にはこだわらない。こだわらないというより、宗派の違いをよく知らないといったほうが正確だろう。日本人が「カトリック」内のいろいろな宗派を知らないのと同じ状況だ。

一世の死後もボウサンへの需要はあったが、海外に仏教の僧侶がどこにでもいるわけではない。だから、在野の宗教者がその不在の穴を埋めた。

日本の伝統的な仏教教団の僧侶には、残念ながら、彼らのような「読経師」をさげすむ傾向がある。しかし、日本の僧侶は知らないだけである。読経師たちがどれだけ、死に逝く日本人移民と、その遺族や仲間たちの今際《いまわ》のきわの安心に貢献してきたのかを。三井さんが証言する。

「勇寿さんは、ラ・コルメナの数え切れない日本人を成仏させてきた人です」

◉好意をもって迎えられた〝葬式仏教〟

日本の仏教教団もしくは僧侶は、日常の布教をおろそかにする一方で、現金収入になる葬式ばかりに執着しているようなイメージが強くなってしまっているため、多くの一般人からの批判にさらされている。

その状態を揶揄《やゆ》した言葉が「葬式仏教」なのだが、海外の移住地では、もう一世紀も前から〝葬式仏教〟になっている。読経師たちは、お経は読むが、法話もしなければ生きる指針を与えてくれるわけでもなかった。葬式と、死後の冥福を祈る追善供養しかしなかったためである。だが、それなりに尊敬もされ、お経は感謝もされた。三井さんの言葉ではないが、彼らが「移民を成仏させた」のである。

日本とは違い、海外の入植地では「お経」への需要があった。ほかに選択する余地のない状況であったが、本人にも遺族にも「日本式の葬式」への希望があった。気候、風土、言葉、食べ物、生活習慣、衣服、人情などがまったく違う環境のなかで、楽しいこともあったかもしれないが、総じて苦闘の連続の移民人生を送った彼らである。故郷に錦を飾ることを夢に見ながら、または成功者として移住先に根を張ることを目標にしながらも、その夢を果たせずに死んでいく人たちもいただろう。

彼らにとって、人生最期の瞬間に「日本のお葬式」で送られることは、自分が日本人であることを証明するための魂の叫びでもあり、日本人として死ねるという安心でもあったようだ。だからこそ、日本式の葬儀が求められたのではないだろうか。

遺される者にとっても、「日本人として送ってあげた」という事実は、達成感につながったのだろう。そしてなにより死に逝く者が望むかたちでの弔いの実現は、遺族にとって大きな安堵になったことは容易に想像できる。読経師の仕事に注目するだけで、〝葬式仏教〟にもこれほどの意味や意義があることが理解できる。布教・教化の要諦《ようてい》は結局のところ、日本の教団が発行する僧侶資格の有無だけではないのだろう。

ようするに、仏教への信仰が厚かったから仏式葬儀が求められたわけではない。現在の日本も、じつは同じ状況ではないだろうか。たしかに、現在でも日本で行われる葬儀の大部分は仏式である。だがそれは、日本人が仏教を深く信仰している証明にはならないだろう。江戸時代、幕府がキリスト教禁制と民衆統制の必要から、すべての家をどこかの寺の檀家として組み込んだ「寺檀制度」がほとんど消えかけながらも、まだその影響が残っているために、わたしたちは仏教での葬儀を選択してきただけではないかと思われる。

読者のなかには、「日本式の葬儀をやって、日本人であることが保証されるなんて理解できない」という人がいるかもしれない。しかし以前、在外選挙権の獲得を求めて運動をしていた日系の指導者に話を聞いたとき、興味深い発言を聞いた。彼は真顔で、こんなことを言った。「在外選挙権を獲得しても、正直なところ、現在の日本にどんな政治家がいるのかよく知らないし、日本の国内の政治に、それほどの関心はない。だが、我々は日本国籍を持った日本人だ。日本の国民として当然の権利を獲得したいのだ」

◉葬式仏教とボウサンの黄昏

関さんの手がける葬儀は、現在は「年に数回」とのこと。以前よりは減った。というのも、ラ・コルメナの日系人口が減っていること、日系二世の司祭がラ・コルメナに誕生して、日系人のカトリックへの改宗がいっそう進んだこと、そして、日本の法華宗《ほっけしゅう》系統の在家仏教団体「霊友会」の会員が増えたためだ。ラ・コルメナには現在、約四〇人の霊友会会員がおり、彼らの方式での日常の礼拝や仏式葬儀を実施している。三井さんも霊友会の会員である。

霊友会は、南北アメリカ大陸にまたがり、数多くの会員を抱えている。ただし、二世以降への布教はあまり振るっていない。カトリック化した二世以降の日系人は、日本式の葬儀で人生を締めくくる気も、そうしなければならないという切実な思いも持ち合わせてはいないようだ。

では彼らは、自分の親の葬儀に対して、どういう思いを持っているのだろうか。

関さんはこれまで、毎年五月に営まれるラ・コルメナでの入植記念日の祭典で、亡くなった移民たちに対する仏式の慰霊供養を営んできた。ただし近年は、

「慰霊祭をカトリックの神父に頼んだこともある。若い人には(仏式の)読経は人気がないからね。だからもうこれから先は、カトリックでいいのかもしれない」

実際、ラ・コルメナへの移住五〇周年式典などの大きな節目では、カトリックの日系神父が慰霊ミサを日本語等で捧げている。そのためかどうかわからないが、三井さんによると、ラ・コルメナの二世以降のキリスト者は、親が望んでも、親の葬儀を「自分たちにとっての異教」、つまり、仏教方式ではやりたがらないというのだ。

ペルーなどでは、神父がカトリック教会での仏式葬儀さえ認めてきた。日系人が申請すれば、仏教など他宗教の葬儀でも教会内の小聖堂を使うことが許される。パーフェクトリバティー教団(PL)や天理教といった日本の新宗教でも、拒否されることはない。そもそもペルーのカトリック教会は、カトリックの葬儀であっても、会葬者に焼香をさせていたぐらいだ。「日本人にはやはり焼香」と、教会が判断したためだ。

だから、カトリックの洗礼を受けたペルーの二世たちは、親の追悼のために読経師を呼ぶことをためらわないし、仏式法要での作法も知っている。それだけ教会が鷹揚《おうよう》ということであり、ペルーの日系人が、いい意味でも悪い意味でも中庸《ちゅうよう》ということなのだ。カトリック教会との結

び付きは強いのだが、それに束縛されることもなく、自由に仏教寺院にお参りしたり、日系人墓地の入り口に巨大な鳥居を建てては、神妙な顔で「これでおじいちゃんやおばあちゃんが喜んでくれる」などと悦に入っていたりしている。

同じ南米といっても、国が変わればずいぶん温度差があるようだ。ラ・コルメナの三井波夫さんが悲しそうに説明する。

「わたしは息子に、『俺の葬式は仏教でやってくれ』と頼んでいるのですが、拒否されています。それならば『せめて出棺のときは、霊友会の(会員証である)たすきを俺にかけてくれ』と頼んでみるのですが、これもいまのところは聞き入れてくれない。わたしはカトリコ(スペイン語で「カトリック」のこと)ではないので、カトリコの葬儀ではなく、仏教(霊友会)でやってほしいのです」

話は前後するが、この日の夜も取材日記をつけ、そこにわたしは以下のように書いた。取材時の気持ちが素直に出ていると思われるので、そのまま抜き書きしたい。

ここでは、二世は自分の信仰にこだわり、親を送るに親の信仰を否定する。死ぬ人の思いや願いを、宗教が殺している。かわいそうな話だ。

関さんの家を退去するとき、最後の質問をしてみた。

「これから、誰が仏式の葬儀をするのですか」

すると、安楽椅子の関さんはゆっくりと目線をこちらに向けながら、

「わしが死んだら、おしまい。先祖供養だけは続けてほしいが、みながやりたがらないのではしかたがない。でも、これでいいんだ」

自分に言い聞かせるようにも聞こえるその声は、やはり、少し寂しそうであった。テーブルには、湯飲みのほかに、例の木箱と経本が載っていた。この経本も関さんとともに、人知れず、その使命を終えようとしているのだろうか。

関さんに別れを告げた。そして三井さんに連れられ、夜の気配に包まれだしたラ・コルメナの中心部へ戻った。薄暮の空には南半球の星々が輝き、黄昏《たそがれ》のなか、コルメナ富士の三角形の黒い山容が、かすかに浮かび上がっていた。

（追記）関勇寿さんは二〇〇七年の年末、大往生を遂げた。葬儀は、三井さんによると「関さんの弟が、むかし習ったお経をなんとか思い出して」執り行ったそうだ。関さんのご冥福を心より祈ります。

◉大規模災害と葬儀式

海外の日本人が日本式の葬儀を求めたのは、異国という逆境での死であったためかもしれな

い。一方、現在の日本では葬儀を求めない人々が確実に増えている。何不自由なく(日本式の)葬儀は選択できるし、それを拒否することも自由にできるという状況である。しかし、死の悲惨さが顕著な大規模災害などが起こったときに、状況は一変する。

たとえば、一九八五(昭和六〇)年八月一二日に発生した日航ジャンボ機墜落事故。乗員乗客五二四人のうち生存者は四人という、世界の航空史上、類をみない大事故となった。

大規模災害であっても、そこに死がある限り、葬式は行われる。だが、身元が判明しなければ、原則的には特定故人の葬儀を出すことはできない。ところがあの事故では、墜落の衝撃で機体の大部分は爆散し、多くの乗員乗客の身体は粉々になってしまった。原形をとどめていた人の場合でも、墜落時に発生した火災によって激しく焼けただれたために、身元の判定は困難を極めた。

身元が判明すると「これでやっと葬式を出すことができる」と、多くの遺族が泣きながらマスコミに語っていた光景は印象的だった。

状況から判断すれば、生還した四人以外の方々が生き残った可能性はほとんどなかった。だが身元が判明していなければ、理屈としては「生きているかもしれない」ということだ。

そしてまた、身元が判明していなければ、遺族は故人に対して、いつまでたっても何もしてあげられない。葬儀は、その「何か」のひとつだった。

葬式をあげたからといって、本人が生還するわけでも、日本航空に対する怒りや、どう受け止めていいのか途方にくれるような悲嘆の重圧がすぐに消えるわけでもない。だが、葬式を出すことで、犠牲者の人生にピリオドを打ってあげることは可能だろう。

逆境にあっても、人は葬儀を求めるようだ。

そこには「自分らしさ」という言葉に象徴されるカスタマイズなどはない。業者が、葬式の内容、祭壇や花の種類や形状、オリジナリティの高い香典返しなどといった「新しいご提案」をすることもない。こういった状況での葬式は〝付加価値を付けて利益を上げるための商品〟にはなりえないし、そういうことを言い出せる場面でもない。「せめて葬式だけでも」というシンプルな願い。弔いは喫緊《きっきん》の課題であり、もしそれが実現できないということになれば、遺族が精神的な危機に陥る危険性さえあったのではないか。

◉断腸の思いを供養に置き換える

日本航空123便は一九八五年八月一二日、羽田空港を一八時一二分に離陸した。しかし、一二分後には垂直尾翼を失うという致命的なアクシデントに見舞われ、操縦に重大な支障をきたす事態に陥った。乗員の懸命の操縦で飛行を続けたが、一八時五六分、長野県と接する群馬県多野郡上野村の御巣鷹《おすたか》尾根に墜落した。

墜落時の衝撃によって、大半の人が即死したといわれている。真夏という気候条件も重なり、遺体の腐敗は加速度的に進行した。遺体検視所兼安置所となった群馬県の藤岡市民体育館へ向けた遺体の空輸が開始されたのは、事件発生から二日後であった。

遺体の到着を待って、藤岡市民体育館では地元の医師らによる検案（死体を調べて死因や死亡時刻などを判断する作業。死亡届に必要となる）が始まったが、全身がほぼそろっていたのは一七七体だけであった。回収された遺体片は二〇六五にものぼった。DNA型鑑定が一般的ではなかった当時、遺体の特定に寄与したのは「歯」であった。つまり、歯の治療跡によって故人を特定した。ただし、あごの部分が発見された場合に限ってのことであったが。

遺族と検視官の懸命の検視（検察官や代理人によって行われる死体の状況捜査。検死とも称する）にもかかわらず、遺体片さえ発見されない犠牲者が二名いた。また、歌手の坂本九さんのように、肉体に付着した遺留品で身元を特定した人も多かったそうだ。

乗員乗客の家族や親族は事件発生後、ぞくぞくと藤岡市に集まった。

福島県いわき市の総合葬祭業「株式会社せきの」の代表取締役社長を務める関野芳さんは日航機事故で、遺体搬送のボランティアとして参加した。関野さんが、当時の状況を回想する。

「体育館には、高さの低いテーブルが一面に何百も並べられ、その上に柩が載せられていました。比較的損傷の少ない遺体が柩に納められていたと思います。家族が到着すると、それぞれの柩のまわりにビニールを張りめぐらし、柩のふたを開けて、『対面』するのです。あちこちで、泣き声が聞こえました。家族を確認したのでしょう」

遺族の確認が済んだ遺体は、自宅等へと帰宅することになる。それを手伝ったのが、関野さんたちだ。霊柩車や遺体搬送車を所有する業者の団体である「社団法人全国霊柩自動車協会（全霊協）」に対して、大規模な災害が発生すると、行政などから出動要請が出され、各地の支部からボランティアが現場へ向かうことになっている。関野さんは当時、全霊協福島支部の副支部長だった。福島からは四社が参加した。各社とも霊柩車ではなく寝台車で参加した。寝台車というのは、遺体を載せたストレッチャーもしくは柩を後部座席に収納するつくりになっている遺体搬送車である。病院から自宅への搬送で見かける黒塗りのバンだ。

全霊協ボランティアの任務は、遺体の自宅への搬送である。場合によっては、遺体に関わるほかの任務に従事することもある。たとえば阪神淡路大震災に参加した全霊協のボランティアは、遺体の捜索と掘り起こしがおもな仕事だったという。

関野さんが藤岡市に到着してまもなく、日航側から「ご遺体を、千葉まで送ってほしい」という依頼を受けた。

「寝台車には仏さんとご遺族とわたしが乗って、千葉をめざしました」

変わり果てた姿になってしまった愛する家族。遺族の胸中は乱れに乱れた。そして彼らは、その混乱した感情を、関野さんにぶつけ続けた。

「道中、ずっとご遺族に文句を言われましたね。日航の対応の悪さとか事故を受け入れたくない気持ちとか、そういったことをすべてわたしにぶつけるのです。わたしは日航の人間ではないし、たんなるボランティアなので、そういう批判の的になるのは筋違いなのですが、ただ、黙って聞いていました」

彼らの自宅に到着し、柩を運び込んで、枕飾りなどの説明をした。「近所の葬儀社に電話して、あとの段取りをしてもらったほうがいいと思います」とだけ言い残し、すぐに藤岡へ引き返した。感謝の言葉はなかった。

すでに深夜だった。途中、関越道の練馬インター近くのパーキングエリアで仮眠を取って、翌朝、藤岡へ到着した。次の搬送先は熱海だった。熱海で一泊し、その翌朝に藤岡へ。聞くところによると、ほかのボランティアは大阪や名古屋まで走ったという。

藤岡へ戻ったものの、身元の判明が可能な遺体は、もうほとんどなかった。

「損傷の激しい遺体やばらばらになった部位は、現場からヘリコプターによって、藤岡第一小学校の校庭へ運ばれていましたので、今度はそちらで検視作業を手伝いました」

関野さんの役目は、検視官の指示に従って遺体や遺体片を持ち上げたり、検死の済んだものを遺体袋に詰めたり、遺体袋を市民体育館へ運ぶことだった。

「(いわき市にある)常磐《じょうばん》炭鉱の落盤事故で轢死体《れきしたい》などは見慣れていましたからね。わたしは平気でしたが、日航機事故のご遺体の状態は、ひどいものでした」と関野さんは述べる。

「遺体の数が多すぎたためか、(腐敗を防止するために使われる)ドライアイスはありませんでしたし、臭いが出てしまったら、いくらドライアイスを使っても腐敗を止めることはできません」と関野さんは言う。さすがに「食欲はなくなりました」。

検視作業を、二日のあいだ手伝った。

「災害であっても、多くの場合は、火葬にすればご遺族もあきらめられるものです。しかし、ああいう死なれ方をして、ああいう遺体を見せられたら、ご遺族の心には、一生、なにかが残るでしょうね。それを供養する心に置き換えなければ、やっていけないのではないでしょうか」と関野さんは語る。遺族の心にこみ上げる激しい感情を、供養というかたちにしていく、というのだ。

結局、身元の判明しなかった遺体片が四〇〇ほど残され、ホルマリンに漬けられた。これらは、この年の一二月に荼毘《だび》(仏教の方式による火葬)に付され、その遺骨は、墜落現場近くの「慰霊の園」に埋葬された。

◉遺骨にしなければ、という心理

大規模災害で「葬儀」が切実に求められるという心理は、一九九五(平成七)年に発生した阪神淡路大震災でも同様に見受けられた。このことは、死体検案書を作成した医師が証言している(安克昌『心の傷を癒すということ──神戸……365日』作品社)。

なお、大規模災害であっても、死亡届は一名につき一通を作成しなければならない。

通常は、医師による最後の診察から二四時間以内の死亡であれば、死亡を診断した医師が死亡診断書を作成し、これが死亡届に添付されるのだが、災害死など、医師が診療していなかった人が死亡した場合は、死亡診断書ではなく死体検案書が作成され、死亡届に添付されなければならない。死体検案書がなければ、死亡届を作成することはできない。

死亡届がなければ、原則的には火葬や埋葬の許可が下りない仕組みになっている。身元が確認できなければ、愛《いと》しい者の体の腐敗が進行していっても、なにもしてあげることができないのだ。これは、遺族には耐えられることではないだろう。

身元が確認されることで葬儀が行われ、荼毘に付される。葬送儀礼（葬儀、火葬等）を通過することで、遺体は遺骨になる。遺骨にしなければ、墓に納めるものがない。墓がなければ、一周忌や三回忌、夏のお盆法要、春と秋のお彼岸法要といった「追善供養」も成り立ちにくい、ということになる。これが、ひとむかし前までの〝常識〟であった。

しかし近年では、葬儀をせず火葬場での拾骨も拒否し、墓も持たない人が増えている。遺骨を受けつけない彼らは、追善供養にも関心がないのだろうか。

なお、西日本は伝統的に一部拾骨であり、残った骨は行政が処分してきたから、東日本のように、遺骨は必ずしもすべてを拾わなければいけないというわけではない。

それはともかく、日本人はどうしてこれほど遺骨にこだわってきたのだろうか。

遺骨の話に進む前に、まず荼毘について考えたい。荼毘を仏教辞典で調べても「火葬」ぐらいの説明しかないのだが、これはインド古来の伝統的な葬法であったようだ。釈尊（仏陀）も荼毘に付され、その遺骨に対して一週間のあいだ、音楽を奏でて供養した。そして、各地の王の求めに応じて遺骨（舎利《しゃり》）が分配された。遺骨を納めた建物が仏舎利塔《ぶっしゃりとう》であり、いま、墓の後ろに建てることが多い木の板（卒塔婆《そとば》）も、もともとは仏陀の遺骨を埋めた場所に、標識として立てたものということである。

日本で火葬が全国的に普及したのは、じつは戦後になってからで、現在の火葬率はほぼ一〇〇％。欧米文化圏では宗教的な理由によって火葬にしないことが多いので、火葬率は低い。キリスト教もイスラム教もユダヤ教も、火葬は禁止なのだ。彼らの教義では、火葬された者は「復活」ができなくなるからといわれている。とはいえ、墓地不足や信仰心の低下（または教会の求心力の低下）といった理由もあって、次第に火葬が取り入れられている。

かつてブラジルに住んでいたライターの千葉聡さんは一度、サンパウロ州内の火葬場を取材したことがある。

「日本とは違い、焼きあがった遺骨を粉状にすりつぶします。これは、欧米と同じ方式だと聞きました。わたしが取材した施設では、この粉状になった遺骨をビニール袋に入れてお返しするのですが、日本人の感覚から言うと遺『骨』という感慨がわかないものでした」

なにかまるで、海岸の砂のように見える「遺骨」なのだそうだ。なお、サンパウロに在住する別の知人は、「日系以外の人たちはあまり頓着しないが、粉状になっている遺骨は、ほかの人の粉（遺骨）と混ざっているともっぱらの噂だ。しかし、ほかに火葬施設がないので、我々日系もしかたなく利用している」というようなことを述べていた。

もし、遺骨が混ざるなどということが日本の火葬場で行われたら、日本人は絶対に許さないだろう。いや、それとももはや「それでもかまわない」のだろうか。だが少なくとも、古い世代であれば許さなかったはずだ。

少し前の日本には、遺骨を食べる人たちがいたのだ。いうまでもなく、彼らは骨に執着した。『日本人物語5――秘められた世界』（関敬吾編、毎日新聞社）によると、葬式後に遺骨を親族や集落の者がコリコリと食べる習慣が、大正になっても秋田や静岡で続けられていたそうだ。彼らにしてみれば、食べるのは誰の骨でもよかったわけではない。特定個人の骨を食べることに意味があった。

これは台湾や南米などの一部の先住民が持っていたような食人《しょくじん》習俗とは少し違い、故人の魂を自分や集落のうちに取り込むということを象徴する行為だったのではないだろうか。遺骨は、日本人にとって、特別な意味を持つ存在なのだ。

◉欧米人には理解できない遺骨への執念

遺骨にかける日本人の執念は、欧米人にはなかなか理解できないそうだ。太平洋戦争での戦死者の遺骨収集事業などは、その典型例らしい。

遺骨収集事業というのは旧厚生省時代の一九五二(昭和二七)年、閣議決定等によって始まった国家事業だ。現在まで毎年実施されているもので、琉球諸島や硫黄島など国内のほか、シベリアや朝鮮半島、中国大陸、南太平洋地域の島々で、残されたままになっている兵士等の日本人の骸《むくろ》を収集している。

以前は、地表で野ざらしになっている白骨を集めたが、近年では埋葬されたものを掘り起こす方法が主流になっている。また、現地住民から白骨を入手する場合もある。収集した骨は荼毘に付して、焼骨を日本へ持ち帰る。ただし、日本人であるかどうかの鑑定はかなりいい加減で、収集事業に同行する遺族から、強い非難が出ているそうだ(『週刊文春』二〇〇六年六月一日)。

沖縄での収骨分は、一九七九(昭和五四)年に政府が建立した沖縄戦没者墓苑(沖縄県糸満市摩文仁)に納骨する。それ以外は、申請があった遺族とのDNA照合を行ってDNAが合致した場合には引き渡される。大部分の遺骨は身元不明、引き取り先不明なまま、千鳥ケ淵戦没者墓苑(東京都千代田区にある無名戦士の墓)に納められている。

遺骨収集事業の現在の管轄は厚生労働省で、おもに南太平洋での遺骨収集事業が世間に知られている。厚生労働省は年間約二億円の予算がかかる遺骨収集事業から撤退したい意向であり(「しんぶん赤旗」二〇〇五年一〇月二二日)、遺族らが猛反発している。厚生労働省の用語で

「未送還遺骨」、国会等の用語でも「未帰還」、つまり、還るべきところにいまだ還っていない遺骨は、海外にはまだ一六〇万柱ほど残されており、今のペースで収集を続けると、終了までに三〇〇〇年もかかることになるそうだ。遺族などこうした動きを批判する人たちの主張は、ずさんな収集方法への反発もあるのだが、やはり「弔いを受けない同胞の霊」を海外もしくは日本人の手が届かないところに放置することへの批判なのだろう。かなり高齢化したとはいえ、戦争遺族がまだ多く存命している現状で、このまま事業を打ち切れば、激しい反発を招くのは必至だ。

◉パラオでの遺骨収集事業

一九七二年九月の南太平洋戦没者慰霊団にフリーカメラマンとして参加した佐々木美智子さんに話を聞いた。その当時、佐々木さんは三〇代。遺骨収集は、衝撃的な体験だったようだ。

「行く先はパラオ群島で、元埼玉県知事で当時は参議院議員だった土屋義彦さんが団長でした。政府の人とか僧侶、わたしのような一般人のほか、生き残った兵隊さんも参加していました」

総勢二八人の一行は、九月七日に羽田空港を出発。グアム経由でパラオに入り、同月一七日に羽田空港に帰着した。

ここで簡単にパラオの歴史を振り返ると、第一次世界大戦でドイツに対して宣戦布告した日本は南洋に出兵し、パラオのドイツ軍守備隊を撃破してこれを占領。一九一九年のパリ講和会議の結果、南洋諸島（現在の北マリアナ諸島、パラオ群島、マーシャル諸島、ミクロネシア連邦）が日本の委任統治領になった。パラオ本島コロールには日本の出先機関である南洋庁が開設され、南洋における日本の植民地統治の中核となった。多くの日本人が移住し、住民の大半は日本人であった。この時代に日本語教育も行われ、現在でも年配の人は日本語に堪能であり、いまでも親日国である（誤解を招かないために書くと、当時、日本の当局は学校での現地語を禁止などしていない）。

太平洋戦争では、パラオ本島は戦場にはならなかったが、近隣のアンガウル島やペリリュー島では激戦が繰り広げられ、アンガウル島一四〇〇人、ペリリュー島一一万五〇〇人の日本軍守備隊はほぼ全滅している。アメリカ軍にも甚大な被害が出た。米軍はペリリュー島の占領には数日あれば充分と分析していたが、日本軍は地下道を張りめぐらせて島を地下要塞化し、七三日もの持久戦を続けた。米軍の上陸部隊も消耗率四〇％という甚大なものとなった。太平洋戦争でもっとも悲惨な激戦地であったといわれる。

「飛行機がパラオに差しかかると、その元兵隊さんが男泣きに泣き出すのです。『すまない、俺だけ生き残ってしまって。いままで来れなくてすまなかった』って、ずっと泣いていらした」と佐々木さんは語る。現地では、あちこちに戦闘機や小型艇の残骸がそのままに残っていた。戦争の傷跡が生々しかった。

遺骨収集は、激戦地だったペリリュー島とアンガウル島で行われた。佐々木さんたちはパラオ本島(コロール島)のホテルに泊まり、両島へは船で渡った。そしてジャングルへ車で向かい、日本軍が掘った地下道などで遺骨や遺品を収集した(ただし、全日程が遺骨収集ではなく、それぞれ思い思いに観光を楽しんだという)。

「パラオ・サクラ会墓地」で遺骨と遺品を荼毘に付す。[写真提供:佐々木美智子氏]

「ある地下道のなかに、仰向けに寝た状態の完全な白骨体がありました。近くには水筒や飯《はん》盒《ごう》があり、頭蓋骨にはメガネもかかっていました。遺骨はだいたい、地下道で集められました。ジャングルで樹木に覆われた場所からは、遺骨を探し出すのは難しかったと思います」

そうして集めた遺骨や遺品はコロール島の「パラオ・サクラ会墓地」で荼毘に付し、慰霊法要を営んだ。焼骨と鉄兜《てつかぶと》や飯盒などの一部の遺品は日本へ持ち帰られた。だが、佐々木さんによると「それは、島に眠る英霊の一部でしかない」とのことだ。

「ひどいですよね。国が英霊を見捨ててはいけません」と佐々木さんは述べる。じつは佐々木さん自身は、日本の軍国主義に快い感情は持っていない。だが、海外に置き去りにされたままの日本人に対し、深く同情する。

佐々木さんは帰国ぎわ、不思議な光景を見たそうだ。

「飛行機が離陸すると、疲れていたためか、みなさんすぐに寝てしまいました。わたしはひとり、窓から外を見ていました。すると遠くの雲がかたちを変え、そこに、アメリカ軍の艦砲射撃にさらされながら戦う、日本軍兵士たちの姿がはっきりと見えたのです。まだまだ連れて帰っていない英霊たちが、あの不思議な光景を見せたのだと思います。『俺たちはここにいるぞ』って」

海外で死んだ日本人は、どうやら日本へ還らねばならないことになっているようだ。しかし、「死んだら還る」というのは、死後もその人が存在することを前提にした発想ではないだろうか。こういう言葉が庶民のレベルはもちろん、国会でも堂々と使われているということが、欧米人には理解されないのだろう。日本人は何気ない言葉で死後の人生を語っている。死後に人格がそのまま存在することは、日本人にとっては当たり前なのかもしれない。

◉日本人は、死んだら故郷へ還る

海外で死んだ日本人は、魂だけになっても日本へ還るということは、ギリシャ出身のアイルランド人である小泉八雲（ラフカディオ・ハーン）が証言している。

小泉八雲といえば、日本人の妻セツの協力のもと、明治日本の面影を流麗で情緒に満ちた筆致で後世に残してくれた。そのおかげで、我々は往時の古きよき日本をわがことのように回想できる。さらに、八雲の作品は社会学的、そして民俗学的にも重要とされる。いってみれば日本の恩人だ。その八雲が、貴重な記録を残している。

時は一八九五（明治二八）年。日清戦争を終えて神戸に寄港した軍艦「松島」の見学を許された八雲は、そのときの様子を「戦後」（『心』所収）に、こう記している。

八雲は、この日同行した万右衛門（妻セツの養祖父）に「帰還兵たちは、帰らぬ戦友を偲ぶことだろうね」と尋ねた。すると万右衛門は、ひたすら真剣な顔をして、こう答えた。

「西洋のかたは、死んだものは帰らないとおぼし召すでしょうが、わたくしどもは、そうは思いません。日本人はだれでも、死ねばまた帰ってまいります。帰る道をみんな知っております。シナ（原文ママ）からだろうが、朝鮮からだろうが、海の底からだろうが、戦死したものは、みんな帰ってまいりました。——へえ、みんな、もうわたくしどもといっしょにおりましてな。（後略）」

（平井呈一訳、岩波文庫）

この万右衛門翁の言葉は、それから半世紀後の太平洋戦争末期に、これも欧米人には理解されない「特攻」で散っていった日本兵たちの心情にもどこか通じているような気がする。

そしてなにも、戦死者だけが死後の帰還を願ったわけではない。移民たちも、祖国へ帰ろうと願った。異国の土になるといえども、ジャングルのなかからだろうが、砂漠のなかからだろうが、その魂が日本へ還ることを確信しながら死を迎えた。

かつて、ペルーでは移民が亡くなると遺髪や爪を日本へ送り、故郷でも墓をつくった。親類縁者のいない者は、友人や商店、県人会に委託し、故郷への帰還を疑わずに安心して死んでいった。不慮の事故で死んだ場合でも、よほど嫌われていた人でもない限り、遺髪などの故郷への送付は、仲間内で無償でやったものである。

遺髪等を送る行為の第一の目的は、いうまでもなく、日本で墓をつくることではなかった。それは、あくまでも〝自分〟が帰還するためだった。日本へ。そして、郷里へ。日本式の葬儀は、魂が安心して帰還するためのパスポートのようなものだったのかもしれない。

◉「わたしのために、わたしの葬儀をしてください」

安心しながら死ねる環境・状況を用意するということは、大切なスピリチュアルケアではないだろうか。それは移住者の臨終に限定した話ではない。現在の日本でも、大差はないようだ。身寄りのない高齢者の葬儀であっても、「葬儀を希望する人がほとんどだ」と述べるのは、先に登場した関野芳さん(「株式会社せきの」社長)である。ただし、葬式代を持たない人の場合は、葬儀社に依頼はできない。関野さんの語る人たちは、あくまでも経済力のある人たち、ということであろう。

関野さんは、ひとり暮らしの高齢の方との生前契約を何件も結んできた。

「わたしが担当した、ひとり暮らしの方の葬儀では、こじんまりしたものは少なかったですね。お金を残さないためでしょうか」

生前契約とは、契約者が生前、自分の葬儀についての具体的な内容の契約を締結し、料金も前払いにしておくというものだ。自分の葬儀を自分で決められるうえ、通常の葬儀よりも契約までに充分な話し合いの時間が取れるため、本人側と葬儀社のあいだで良好なコミュニケーションが可能である。

さらに、生前契約を行った高齢者のうち、直葬を指定した人はいなかったそうだ。わりとお金をかけた葬儀を希望した人が多かった。生前契約なので、祭壇や料理のカタログを本人がじっくり見ることができる。そして、彼らが選んだのは「安上がりではない葬儀」だったという。会葬者に対する〝見栄〟というよりも、自分自身のために自分でお金をかける人たちである。関野さんは、「自分の葬式が決まることで、安心して死ねるようです」と述べている。

いま、「子どもに経済的な負担をかけたくない」という理由から、葬儀をやらないように願う高齢者も少なくない。しかし、神奈川県のある葬儀社の社長は、「仏式か無宗教かそれ以外の宗教かといった葬儀の形式はともかく、高齢者の本音は、誰だって自分の葬儀をやってほしいというものだと思います。それができないのは、経済的な問題ではないか」と分析する。

葬儀社が手がける生前契約で、契約者がひとり暮らしの場合は、契約と契約内容の履行には、親戚などの立会いが義務づけられている。でなければトラブルを招く可能性がある。

まったく身寄りのない人の場合は、NPO法人等が運営する生前契約の支援・委託事業を利用するという選択肢もある。なかでも、一九九三年に東京で生まれた「NPO法人りすシステム」が有名だ。同法人は、日本ではじめて誕生した生前契約および履行(代行、後見)機関である。

りすシステム(LiSS = Living Support Service/生活支援サービスシステム)は現在、さまざまな分野での生前契約を支援している。高齢による判断力の低下、身寄りがいないといった状況で契約者が死を迎えた場合、その後のすべてをサポートしてくれるので、ひとり暮らしの人には頼りになる存在だ。なお、同会の出発点は、「最初に手がけたのは、『葬儀等に関する生前契約』の引受け」(りすシステムのホームページより)だった。

葬儀は、「してあげたい」という遺族たちの思いのほか、「してほしい」という本人の思いにも支えられているようだ。

◉ふるさと——魂の還るところ

かつて民俗学者の柳田國男が分析したように、日本人にとっての「極楽」は、インドもしくは西方に広がる極楽浄土や、海上彼方にあるという伝説の蓬萊《ほうらい》の島ではなかった。死後、「この国土を離れ去って、遠く渡って行こうという蓬萊の島を、まだ我々はよそにもってはいなかった。一言葉《ひとことば》でいうならば、それはどこまでもこの国を愛していたからであろうと思う」(柳田國男『先祖の話』ちくま文庫)。

現在では、柳田が語る「国」に抵抗を感じる人もいると思うが、そういう場合は、国家ではなく国土、山河、もしくはふるさとという言葉に置き換えれば、柳田の言わんとしていることに近づくのではないかと思う。柳田國男は国家主義者でも国粋主義者でもなかった。

柳田の説によると、日本人の死者は、死後の祀《まつ》り(追悼)を受けて先祖(祖霊)になり、いつまでもわたしたちの生活を見守ってくれる、ということになる。

柳田は、祖霊の住まう世界を山や海の彼方に求めた。たとえば「田の神」も祖霊の一形態であるという。田の神というのは、春になれば山の彼方から人間の住む世界へやって来て、農作業の期間中はこちらの世界にとどまり、秋、収穫が終わると山の彼方へと帰っていくといわれる。その節目節目に祭りがあった、と柳田は言う。田の神は祖霊であるというのが、いまも覆されることのない柳田の主張である。

民俗学や移民の分野だけではない。現在では、終末期医療の分野でも「心が還る場所」ということが非常に注目されている。

前出の窪寺俊之さん(元・淀川キリスト教病院チャプレン)は旧文部省唱歌のうち、名曲中の名曲といわれる「故郷《ふるさと》」を例に取り、「この歌は、非常にスピリチュアルな事柄を歌っています」と評している。窪寺さんによると、この歌詞は「あなたには還る場所がある。そこは懐かしい山河や家族、友人の待つ世界である」と言う。

「(自分で自分の存在を負えなくなっているような精神状態、つまりスピリチュアルな次元での危機に見舞われたとしても)誰にでも戻って行けるふるさとがあるという歌。『忘れがたきふるさと』では、人は傷ついたままの裸の自分でいてもいいのだよ、と歌ってくれるのです。そういうふるさとを、いまの人はみな求めている」というのだ(二〇〇七年一〇月一九日、新潟県立がんセンター新潟病院「いのち連続講演会」での発言より)。

昔から、海外の日系一世は高齢になればなるほど、この歌に涙した。

いうまでもなく、この歌を聴くことで望郷の念がわきあがり、心が締めつけられるのだ。柳田國男の言葉を借りれば「どこまでも愛する国土」への魂の帰還である。日本国内のどこの山だとか、どこの小川だとか、そういう特殊な限定は、ここでは無意味だ。唱歌に歌われる「ふるさと」は、祖国の大地そのものだ。当然、歌に登場する親たちが死んでいる場合もあろう。しかし、そんなことは些細なことではないだろうか。懐かしい「ふるさと」への帰還を信じるなら、今は亡き人々とも手に手をとって再会し、喜び合うこともまた、信じられるはずだ。親たちもまた、「死んで」「居る」のだから。

〝ふるさと〟とは、災害発生時の避難所のようなものであろうか。家族がばらばらになっても、避難所を決めておけば、そこに行きさえすれば必ず再会できる、そんな場所。心でつながることができる場所。魂が還る場所。愛する者たちと再会できる場所。それが、ふるさと。日本人が死後に思い描くストーリーの舞台の原風景というのは、極楽や天国でもなく、あくまでも「ふるさと」だったのかもしれない。

そして窪寺さんが説明するように、もっと深い（スピリチュアルな）次元での癒しがこの歌には込められているようだ。なぜそう思うのかというと、移住地で生まれて移住地で育った二世の高齢者も、この歌を聞いて涙を流すからである。日本的な「故郷」を知らない二世たちが、「故郷」の歌に、どうして涙することができるのだろうか。二世たちがこの歌を口ずさんでイメージする「ふるさと」は、日本人のそれとは若干違うかもしれない。しかし一世と同じく、

「魂の故郷への帰還」という感覚が呼び起こされるのだろう。それは慰めであり、安心であったのではないだろうか。

◉かたちを変えて生き続ける「供養の心」

近年「手許《てもと》(手元)供養」が流行している。これは、遺骨を粉末状にすりおろしてから珪素《けいそ》と混ぜ合わせ、仏像のような小さな像にしたり、小さな仏像のなかに、遺骨を収納して身近に置くという新しい供養のかたちだ。ペンダントに加工して、常に肌身離さず持ち歩くこともある。遺骨も「ケータイ」時代なのだ。

手許供養を受け入れている人たちにとっての心の「ふるさと」は、最愛の人のそばなのである。遺骨を身近に置いて、死後のつながりを実感するのだ。この感覚は、近年大ヒットしている「千の風になって」の歌う世界に似ているかもしれない。

手許供養を否定したがる僧侶は多い。それはそうだ。彼らの教義にも作法にも、これを許容する余地はまったくない。仏教との整合性などない代物である。仏像みたいなかたちをしていても、開眼《かいげん》供養(魂入《たまい》れ)をしていない仏像など、彼ら僧侶にしてみれば意味がない。仮にこれを「仏像」としよう。しかし、その仏像は地蔵様でもお釈迦様でもない。遺族にも、特定の仏様という意識はない。なぜなら遺族も、それを仏ではなく故人そのもののように思っているようだからだ。

手許供養を扱う業者のなかには、「仏教の教えに抵触しない」と主張する人もいるが、NPO法人手元供養協会のホームページには、協会の活動主旨として「手元供養を日本の新しい供養文化として広める」と明記されている。

これは、日本の仏教寺院にとっては、やはり脅威であろう。手許供養の実態というのは、僧侶が介入しなくても、「供養」ができるということなのだから。

僧侶は、「これはいけません。わが宗の門徒(檀信徒)としてあるまじき行為です」とでも言うのだろうか。だが、愛そのものを教えることができないのと同じように、供養の心、弔いの思いというものも教えることはできない。だいいち、「ふるさと」にリンクするような日本人の他界観も、これまでどこかの宗教が教えてきたものではない。

たしかにわたしたちは、「ふるさと」の原風景や、かつての日本人が信じた牧歌的な「死後の幸せなストーリー」を失いつつあるのかもしれない。それが現在、葬儀の〝揺らぎ〟として反映されているといえるだろう。

お坊さんに言いたいことがある。それは、手許供養を否定する前に、手許であろうがなんだろうが、とにかく「供養」という言葉が使われていることに注目したらどうだろうか、ということだ。わたしたちはまだ、供養の心までは捨ててはいないのだから。

そしてこの供養もしくは弔いの心は、明らかに遺族のメンタルケアに役立っている点も、重要であろう。供養はこれまで、死んだ人のために行うものだと仏教では教えてきた。だが、それは遺された人々にも、安心をもたらすものなのである。

第4章

ペット葬とペットロス

——社会に対して閉じられた死

◉ペットの「友人葬」？

その斎場の庭には、いくつかの墓があった。取材で訪れたこの日、わたしが墓碑銘の写真を撮っていると、なにかお経のような声が聞こえてきた。

声の方向へ歩いていくと、火葬炉へ続くスペース（炉前室《ろまえしつ》という）から「なんみょーほーれんげーきょー（南無妙法蓮華経）」というお題目がはっきりと聞こえてきた。ひとりではなく、複数の人が唱えている。しかも、その唱え方は〝プロ〟の僧侶の発声方法とはどこか違うものだった。

炉前室の扉は閉められていたので内部をはっきりと見ることはできなかったが、直感的に「ああ、これは友人葬だな」と理解した。

友人葬というのは、創価学会の葬儀形態を指す言葉である。創価学会は、日蓮正宗系の新宗教団体。彼らは葬儀に僧侶を呼ばない。彼らの葬儀では、僧侶の代わりに親族や学会の友人らがお題目を唱和する。ただし「友人葬」という言葉は、本来は友人が集まって営む葬儀という意味であり、創価学会の葬儀に限定されることはなかった。ところが現在では、学会の葬儀を指すことが一般的になっている。

「学会さん（創価学会）ですか」と、施設のスタッフに聞く。

「はい、そうなんですよ。でも、ちょっと珍しいですね」という答えが返ってきた。

炉前室からは、あいかわらず「なんみょー――」というお題目が流れてきていた。火葬の前に唱えられる最後の読経、つまり炉前勤行《ろまえごんぎょう》である。彼らは炉前でもお題目を唱和するから、創価学会の炉前勤行そのものは珍しいことではない。

ではなぜ、ここの施設のスタッフは「珍しい」と評すのだろうか。

それはこの施設が、ペット斎場だからである。つまり、「友人葬」形式によるペット葬なのだ。

「わたしたちのところでは、人間でいう炉前勤行がペットたちのお葬式ということになります。飼い主さんが僧侶をつれてきたり、わたしたちに僧侶の紹介を依頼したりする飼い主さんは、それほど多くはありません。こういう方式（友人葬）も、あまり見ませんね」と、施設のスタッフが説明する。

ペットをわが子のようにかわいがった経験のある人ならわかると思うが、ペットの死もつらく悲しいものだ。ときに、家族の死に匹敵するほどの衝撃である。人によっては「家族以上」という場合もあるという。だから「せめて、安らかに眠ってほしい」ということで、お葬式や火葬、その後の法要（追善供養）を希望する人たちがいる。

ただ、仏教の各宗派やそのほかの宗教でも、ペット葬儀（供養）の式次第や儀礼を公式に細かく定めているところは、寡聞にして聞かない。だからある意味、飼い主や宗教者の自由裁量で行われている領域ということが言えなくもない。

ひとことでペット葬といっても、火葬はするが宗教的な儀礼は行わないとか、火葬や葬式はしないで自宅の庭などに埋めるものの、線香を立ててメモリアル・サービス（追善供養）めいたことをする人など、千差万別である。

この飼い主の場合は、自分たちの信仰（創価学会の教え）に基づいて友人葬を行ったのだろう。創価学会の教義では、お題目さえ一生懸命に唱えていれば、生きているあいだに成仏できるという。だから、友人葬というのは成仏を促したり、引導を渡すための儀式ではなく、故人に対する報恩、つまり恩に感謝して行う法事ということらしい。

「ペットはお題目を唱えられないのだから、成仏できていないはずでは？　ならば友人葬をやる前に、成仏のための供養をしてあげたほうがいいということになるのだろうか」とか、「仏教的にいえばペットも畜生道の生きものということになり、成仏へは程遠い存在であるのだから、追善供養しなければいけないのではないか」などという穿《うが》った考えが脳裏をかすめないこともなかったが、飼い主の切実なる哀惜《あいせき》の念の前には、人間が人間のためにつくり上げた教義は、意味をなさないのかもしれない。そういう細かい教義などよりも、愛してやまないペットの死に際して、「お葬式をしてあげたい」という弔いの気持ちがわき起こることはまったく不思議ではないと思われる。そして、炉前室でお題目を唱えていた人たちにとって、愛犬のために自分たちが行える（選択できる）葬儀形式が友人葬だった、ということなのだろう。

◉「ペットの遺骸は廃棄物ではない」

千葉県八千代市のペット斎場の老舗「ペットやすらぎの郷《さと》」を訪ねた。このペット斎場は、同市の代表的な葬儀社のひとつである「株式会社安宅《あたか》」のグループ企業である。同社会長の安宅一枝さんはもともと、かつて同市内で営業していた民間火葬場で約一五年働いた経験を持つ。一九八一(昭和五六)年に独立し、その翌年には人間用の斎場(セレモニーホール)に先駆け、「ペットやすらぎの郷」の営業を開始した。もちろん、ペット葬だけをやりたくて、独立したわけではない。

「そのころ飼っていた犬が死んでしまって。愛犬の亡骸《なきがら》を物のように処分することに耐えられなかったのです」と、ペット斎場を立ち上げた理由について安宅さんは語る。

余談になるが、同社では自社の斎場の利用者にコーヒーを出している。多くの斎場ではセルフサービス等でコーヒーが提供されるのだが、同社では、社員が必ず、利用者一人ひとりに手渡しでコーヒーを給仕する。高級品を使い、料金は取らない。このサービスについて、安宅さんはこう強調する。

「コーヒーはサービスではないのです。心を込めてコーヒーを手渡す行為がサービス。私たちのサービスは、心なのです」

喪家に心を砕かないような社員には、「何時間でもお説教します」と言う。社員教育は、心の教育である。モノではなく、心がサービス。安宅さんの想いは、全社に徹底している。そういう安宅さんが真っ先に設立した施設がペット斎場だった。だからペットやすらぎの郷には、安宅会長の「心」が隅々まで染み込んでいる。以前にも一回、取材に訪れたのだが、そのときもスタッフの温かい心を感じた。「安宅イズム」が浸透しているのだろう。

ペットやすらぎの郷は、八千代市郊外の田園風景のなかに建つペット専用斎場だ。街道に面した門には、開門時間は「AM9：00〜PM5：00」と書かれている。元旦以外、一年中スタッフが詰めているという。

敷地内に足を踏み入れると、左は数十メートル、右は一〇メートル程度の広さ。敷地の幅も一〇メートル未満といったところか。

左手に進むと、道路と反対側の塀には何本もの卒塔婆が林立し、それを背景に仏像が建っていた。仏様にはたくさんの花束が捧げられていた。ここが共同墓地である。仏像の下の地下は大きなカロート（遺骨を納める空間）になっており、ここに遺骨を納める。また、その周囲には個別の墓石がいくつか並んでいた。掃除をしていた作業員の方と目が合うと、「こんにちは」と声がかかる。挨拶を交わしていると、彼の足元を一匹のネコが通り過ぎた。

共同墓地の正面、道路側には祠《ほこら》のように見える動物八角堂（納骨堂）、さらに奥にはカントリーハウス風の待合室がある。その先には大きな建物があり、これも納骨堂だという。扉を開け

「ペットやすらぎの郷」の炉前室の入り口。犬は置き物。

て内部に入ると、寺院の納骨堂と同じようなつくりになっていて、蚕棚《かいこだな》のように区切られたスペースに、骨壺が納められている。当然、人間のものより小ぶりだ。遺骨のほか、ペットの食べ物(缶詰)や食器、おそらくペットが使っていた玩具なども安置されていた。多くのスペースに花が供えられていた。元の飼い主が定期的に訪れているのだろう。

門から右手には事務所(受付)と火葬場などがある。事務所の敷地側の窓はカウンターになっており、花束やペットの供物が販売されていた。室内には記入が済んだ卒塔婆が何本も立てかけられていた。

その奥が火葬場である。火葬場の前には、小さな前室、つまり炉前室があり、ここで「最後のお別れ」をするのだ。

年によって増減はあるが、同園では年間で数千件の火葬を行う。そのうちの多くがイヌ、次いでネコである。

同園の道を挟んだ向かい側には、別の個別墓地

「ロイヤル華風安《はなふうあん》」が二〇〇五年に開設された。こちらは敷地も広く、開放感にあふれた明るい墓地になっていて、外国の公園墓地の一画のような雰囲気。夜間にはライトアップされ、付近の人たちにも好評という。

◉別れの言葉で一番多い「ありがとう」

現在、同園の運営を統括しているのが大塚竹志さん（カスタマー・サポーター）。大塚さんに、「心に残ったペット葬はありますか」と聞いてみたところ、「それはありません」と言う。

「この部署（ペットやすらぎの郷）に異動してから一〇年になりますが、毎日のすべての葬儀が心に残っているからです」と大塚さん。

同園のスタッフとして一五年以上、ペットと飼い主の「最後の別れ」を見つめ、世話をしてきた坂本秀子さん、小嶋美千子さんも大塚さんの発言に同意する。

大塚さんが、「これは、あくまでも個人的な感想ですが」と断ってから続ける。

「火葬の前に、炉前で最後のお別れをしますが、そのとき、ペットちゃんに向かって『ありがとう』と語りかける飼い主さんが多いのです。その言葉を聞くと、ほっとしますね。『ああ、この子は幸せだったのだな』と思うのです。飼い主さんも、その子と一緒に生きたことで、ずいぶん慰められたのでしょうね」

坂本さんも思いは同じだ。「ありがとう、とだけしか言えない方もいます」。そのひとことだけで絶句してしまい、ただ涙を流すだけの人たち。

「でも、飼い主さんの気持ちになって考えてみると、それはすごいことだと思いませんか。本当は寂しさや悲しさがたくさんあるのに、それを乗り越えて、『ありがとう』と言ってあげるのですから」と坂本さん。大塚さんが続ける。

「ペットは愛玩動物ではなく、コンパニオンアニマル（伴侶動物）、またはパートナーという位置づけに変わってきています。まさに家族の一員ですね。恋人であり、息子・娘であり、きょうだいという存在です。その葬儀ですから、大切な存在を失った方々の悲しみは、相当なものでしょう」

小嶋さんによると、やすらぎの郷のスタッフは全員、自宅で動物を飼っているという。だからこそ、「あまりに悲しみに暮れている人には、声をかけづらい」と小嶋さん。飼い主の深い悲しみに共感を覚えずにはいられないのだという。

だが、多い日には一日に一〇件ほどの火葬があるし、火葬の時間は事前の予約制なので、いつまでも悲しみにくれてばかりはいられない。炉前室での時間は、一〇分程度である。「わが子」「恋人」との永訣の時間が刻一刻と流れていく。

大塚さんたちは火葬前、飼い主の心が落ち着くように「『この子がいて、よかったですか？』」などの声かけをしています」と言う。するとほとんどの人がうなずくそうだ。ほかには、

「元気だったころはどんな子でしたか？」とか、「何歳ですか？」などなど。

宗教者を招き、炉前室でお葬式を営むケースはそれほど多くはない。とはいえ、「僧侶の派遣を希望する方には、知り合いの僧侶に連絡します。『僧侶を呼ぶほどのことはないけれど、なにかしてあげたい』と希望される飼い主さんがいれば、お経のテープを流したりしますが、あくまでも希望があった場合です」と、安宅一枝さんは述べる。

読経テープの料金などは、いうまでもなく、取らない。

◉最後の別れと火葬

遺体を炉に入れる前に納棺をする。飼い主が毛布などでくるんで運んできたペットの亡骸を、炉前室で柩に納め、「最後のお別れ」を営むことになる。

炉前室にも仏像が安置され、その前面は花が生けられた祭壇である。仏像の前には、「ペット諸精之霊位」と書かれた漆塗りの位牌がある。

大塚さんによれば、柩はペット用のものや、(人間の)小児用のものを使うという。充分なお別れをして、飼い主の気持ちにある程度の整理がつくのを見計らい、彼らの了解を取ってから、炉に入れる。

炉は、炉前室の右奥にある。柩はストレッチャー(台車)に載せられ、スタッフによって炉の前まで運ばれる。炉のふたが開けられ、柩が炉のなかに納められる。そしてふたが閉められ、合掌、点火となる。

飼い主は、敷地内の待合室で待機したり、園内の納骨堂や共同墓地などを見学しながら、「パートナー」「わが子」への思いを馳せることになる。

この施設では毎日の追悼法要のほか、年に二回、七〇〇〇～八〇〇〇人が参列する供養祭（仏式）も行われている。園内を見回せば、供養祭で奉納された卒塔婆や絵馬などが目に付くことだろう。ここでは「火葬しておしまい」ではない。回向《えこう》（死後の供養）は続くのだ。

わざわざペット斎場を利用する人たちなのだから、弔いの気持ちは強いと思われる。同園でねんごろに供養が続けられているということは、そういった飼い主たちにとって、好ましい行為として理解されるのではないだろうか。

通常、一件の火葬に対し、会葬者は何人ほど訪れるのか。

「休日なら、多いときは一〇人くらいでしょうか。平日では数人ですね。飼い主さんや家族、たまに親戚や近所の方もいらっしゃるようです」

いま、人間の世界では家族や親しい人が数人参加するだけの「家族葬」が市民権を得ているのだが、ペット葬も家族葬というところなのだろうか。

（人間の）葬儀を考える際に「誰の死を誰が弔うのか」という点は重要だ。その思いによって、葬儀のあり方はかなり左右されるためだ。また、弔う人がどういう思いを抱くかで、その人が葬儀や死をどうやって受け入れるのかも、大きく左右される。

ペットが家族の代替構成員となり、いまや家族の一員になっているならば、ペット葬についても同じことが言えるのではないか。ペットの葬儀にも、現代社会の家族像が投影されていると思われる。この点はあとで考えてみたい。

◉火葬を終えると表情が穏やかに

炉に入れてから一時間ほどで「お骨拾い」となる。ペットやすらぎの郷のスタッフたちは、本社(株式会社安宅)で人間の葬儀も経験しているため、人間同様に「箸を二人で持って骨を拾う」ように、飼い主に対して手ほどきをするそうだ。

スタッフに、火葬前と火葬後で飼い主の表情が変わるかどうか質問してみた。むろん、劇的な変化があるということではないだろうが、やはり「変化する」と言う。

「骨になった状態を見れば、ぎょっとする方も少なくはないですが、時間が過ぎれば、みなさん、表情が少しだけほころぶような気がします」と語るのは小嶋さんである。

「火葬をしているあいだに、ペットの死を受け入れていくというか、いい意味でのあきらめの気持ちになられるのではないでしょうか」

大塚さんも坂本さんも「安堵の表情になることが多いですね」と口をそろえる。

個別墓地。墓碑には「ありがとう」などの文字が刻まれたものも。

「お葬式（火葬）をしてあげたい」と思う飼い主たちが「お葬式（火葬）をしてあげた」ことで、死を受け入れ、安堵していく。葬儀がつなげる弔いと癒しの円環。これも、葬儀の持つ大きなちからのひとつではないだろうか。

ペットやすらぎの郷では火葬後、園内の共同墓地や個別墓地へ埋葬したり、納骨堂に収めたりすることになる。遺骨を自宅に持って帰る人もいる。自宅に持って帰ったあとで、何年か経過してから、共同墓地へ埋葬する人もいる。

個別墓地を回ってみると、墓碑には、「慈愛」などの象徴的な漢字を彫り込んだものや、ペットの名前のほか、「ありがとう」「いつまでもいっしょ」といったメッセージを添えたものなどが多かった。ずばりひとこと、「わが子」と刻印された墓も見受けられた。

年に二回の供養祭では卒塔婆のほかに絵馬を奉納する人がいるようで、合同墓地の横にたくさんの絵馬が飾られていた。絵馬には、「ありがとう」という言葉が書き込まれているものが非常に多かった。そのほか、家族（人間？）の近況報告なども散見された。

ここでも人間同様、ペットは死後にその存在が完全に消失するわけではなく、やはり「死んで」「居る」のだろう。飼い主の心のなかに、亡くなったペットたちは、しっかりと存在し続けているようだ。

◉ペット市場の現実

まるで人間の葬儀と同様に行われているペット葬であるが、いうまでもなく「人間並み」は葬送分野にとどまることではない。量販店のペット・コーナーへ行けば、爬虫類や魚類はともかく、犬猫に対する商品が驚くほど豊富にそろっていることがわかる。セーターやレインコート、お食事（エサとはいわない）用のカラフルな食器。シャンプーやコンディショナーなどなど。しかも、値段が高い。人間用の商品よりも割高である。

インターネットで、ペットの飼い主の日記（ブログなど）に「通院費用や飼育費用はかかるけど、うちの子だからしょうがない」という内容の日記が書かれたりすると、必ずと言っていいほど「家族なんだから手を抜かないで！」というコメントが寄せられるようだ。

人間の家族だったら、一〇〇円ショップの商品で済ましてしまうということもあると思うのだが、ことペットに関しては愛情の尺度が違うのかもしれない。実際、犬猫や小型哺乳類の場合は、年間で一〇万~一五万円くらいの飼育費用がかかるといわれる。むろん、「贅沢」を始めたらこれでは済まない。獣医師にかかれば、この金額は数倍になることもある。

ペットに対する高度医療も進化を続ける。CT検査やMRI検査はすでに常識だが、日本獣医師会によると、これらの検査費用は平均で約三万円かかるという。ペット医療は人間と違って皆保険《かいほけん》ではない。原則、実費である。

ちなみに心臓手術の平均は約六万三〇〇〇円、心臓ペースメーカー使用で約一五〇万円というからすごい(電子版「毎日新聞」二〇〇七年一一月一四日)。近年、ペット専門の医療保険が右肩上がりの成長を続けているのは、高度な医療を求める飼い主が増えてきているためだ。日本におけるペット医療保険は、二〇〇七年には累計で五〇万件近い契約数になった(富士経済調べ)。

こうなると、コンパニオンアニマル(伴侶動物)の域を超えているといえるのではないか。まさに「うちの子」である。動物用医薬品メーカーの共立製薬では、ペットを飼う社員に対し、一律一〇〇〇円の扶養手当を出しているくらいだ(同社プレスリリース、二〇〇七年一〇月三〇日)。

いや、実態はさらに進んでいるようだ。もはや「人間並み」ではなく、「人間以上」かもしれない。日本ペットフード工業会および総務省の統計によると、二〇〇三(平成一五)年の犬猫の飼育匹数は約一八一〇万匹で、人間の年少者(一五歳未満)の約一七九〇万人を、この年はじめて上回ったそうだ(表1参照)。

その後も犬猫の数が増え、人間の数は減っているため、両者の差は開く一方である。しかも犬の約七割弱、猫の約八割が屋内飼育である(右記の飼育匹数には外猫＝屋外飼育の猫＝は含まれていない。犬の飼育匹数は減少気味だが、そのぶん、外猫が減って内猫が増えた)。

ペットの家族化の動きと連動し、人間の住環境も劇的に変化している。かつては集合住宅といえば「生きもの禁止」の代名詞でもあったわけだが、不動産経済研究所の調査によると、二〇〇六年現在、首都圏におけるペットの飼育を可能としているマンションの普及率は七四・五%。都内に限っていえば八〇・一%にもなっている。

さらに、ペットの足洗い場やペットサイン付きエレベーター、グルーミング室、ドッグランなどの設備の付いたマンションは約六割。もはや、ペット(とくに犬猫等)と暮らすことが集合住宅では「常識」、もしくは「前提」なのかもしれない。

また、内閣府による平成一五年の「動物愛護に関する世論調査」によれば、動物を飼う理由は、複数回答で「家族が動物好きだから」(六〇・五%)、「気持ちがやわらぐ(まぎれる)から」(四七・九%)、「自分が動物好きだから」(三八・三%)といった精神的な理由が上位を占めている(図1参照)。一方で、番犬やネズミ捕りなどの実用性を理由に挙げた人は約一〇%だった。まさに「うちの子」なのである。ついでに言えば、(人間の)うちの子に対して、労働力といった

日本のペット基本データ

表—1

犬猫飼育匹数と15歳未満の人の数

	ペット（犬猫） ※	人間（15歳未満）
2003（平成15）年	総数約1810万匹 犬　1113万7000匹 猫　696万3000匹	約1790万人
2006（平成18）年	約2168万匹 犬　1208万9000匹 猫　959万6000匹	約1743万人

※猫は「外猫」含まない。　出典　日本ペットフード工業会「犬猫飼育率全国調査」、総務省統計局「人口推計」（ともに各年統計）による

図—1

ペットを飼う理由（複数回答）

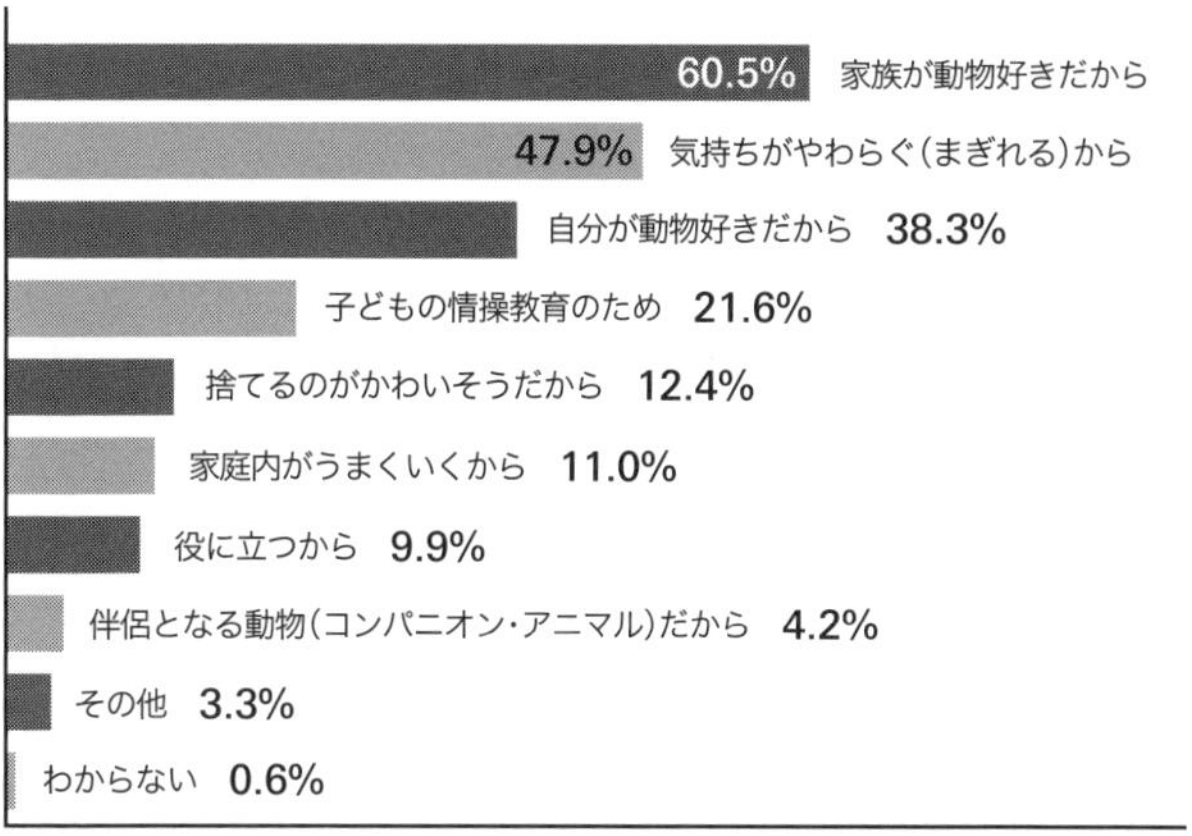

出典　内閣府「動物愛護に関する世論調査」（2003年）による

表—2

ペット関連市場の大きさ

	2006年見込	2007年予測
ペットフード	2839億円	2866億円
ペットケア用品	527億円	552億円
ペット生活用品	414億円	424億円
合計	3781億円	3842億円

出典　富士経済「2006年 ペット関連市場マーケティング総覧」による

実用性を求める人などいないことと、なにかオーバーラップしているような気もする。

市場調査会社の富士経済によると、ペット関連市場の市場規模は年々成長を続け、平成一九年の合計額は三八四二億円(予測値。以下同)になった(表2参照)。このうち、一番大きな比率を占めるのがペットフード部門で二八六六億円。近年、成長が著しい分野は、病気やアレルギー体質の動物に処方される特別療養食の部門で、一一七億円。ダイエットや消臭、毛艶、抗酸化作用、免疫活性などなど、いろいろな効能が謳われるサプリメント部門が三六億円。高齢ペットの介護用品であるオムツ部門が二〇億円である。

ペットも消費社会の一翼を担っていることがよくわかる。ペットの売買によって市場が支えられているのではなく、ペットが消費財の使用者・主役になることで、市場が拡大しているわけだ(消費財のおもな選択権は、飼い主にあるのだが)。

ただしペットブームの陰で、保健所や動物愛護センターなどの行政施設に持ち込まれ、殺処分される犬猫は年間で三六万三九三五匹もいる(二〇〇五年度)。内訳は犬が一三万二二三八匹、猫が二三万一六九七匹。とはいえ、全体的に年々、処分数は減ってきている。一九九七(平成九)年の段階では、犬猫の殺処分数は六四万六六〇〇匹だった(以上、地球生物会議、動物実験廃止・全国ネットワーク、生きものSOS調べ)。ペットの家族化にともなうヒューマニズムの発露が、いのちの消費に歯止めをかけ始めたようだ。それは、こういった統計の数字にも如実に表れているといえる。

◉古くて新しい動物供養

ペットが人類のパートナーとなり、ファミリーになった現状では、ペット葬が市民権を得てもなんら不思議はない、ということになる。

もちろん、日本には古い時代から動物供養の伝統はあった。それは、西洋人にとっては信じがたい光景であったようだ。なぜなら、人間として生まれたからには「地に満ちて地を従わせよ。海の魚、空の鳥、地の上を這う生き物をすべて支配せよ」（旧約聖書・創世記）と、彼らは教育されてきたためである。

先に紹介した小泉八雲（ラフカディオ・ハーン）は一八九〇（明治二三）年に来日したが、「言語に絶する」貧しい暮らしを送る日本の農民たちが祠を建てて、「飼っていた牛馬の霊のためにまで祈る」姿に、「ほっと嬉しい気持ちにさせられた」と感動をもって書いている（「盆踊り」『全訳小泉八雲作品集　第五巻』恒文社）。

かつての動物供養では、農耕に使役し、死んだ牛馬を祀り、ときに「馬頭観音」という名を付けて神様として信仰した。江戸時代は、獣肉を食べる習慣が一般的ではなかったにしても、農耕で使役した牛馬は絶対に食べなかったといわれる。

現在でも、食肉等の加工施設や動物実験施設では動物慰霊祭が行われるし、交通事故で死んだ犬猫を行政がまとめて焼却処分するときにも、僧侶を招いて供養祭を営むことが多い。

だが、バブル以降といわれる最近のペットブームの流れと軌を一にして需要を伸ばしているペット葬は、明らかにこういった動物供養とは異質であろう。亡くなったペットを神に祀る人は、いない。近年のペット葬は「うちの子」に対する葬儀なのだ。以前の動物供養は、あくまでも動物の供養であったが、最近のペット葬儀では明らかにペットが擬人化されている。飼い主＝喪主は、「動物」とは思っていない。この点がかなり違う。

◉人とペットが一緒に埋葬される樹木葬墓地も

ペットはいまや家族同然の存在になっている。そこで、ペットの墓地にも変化が訪れているようだ。

二〇〇六年には、都内ではじめて「樹木葬専用墓地」として許可を受けた「千の風みらい園」が大島町（伊豆大島）にオープンした。広さは約一〇〇〇坪。敷地すべてが樹木葬用のスペースである。墓地の名称は、9・11米国同時多発テロ事件の一年後に営まれた追悼式典（二〇〇二年）で、ある少女が朗読した詩から着想を得た（第5章参照）。同園は、人とペットが同じ墓に埋葬されるという点でも画期的な樹木葬墓地であろう。

同園は、大島の玄関口である元町港から車で数分の山林のなかにある。山の斜面が利用され、墓地の正面には海が広がる。晴れた日には、富士山も見えるそうだ。

遺骨は骨壺から出し、地中に埋める。その上に、大島に自生する樹木か、故人の好きだった木の苗を植え、二〇センチメートル四方の小さな墓標(プレート)を木の根付近に設置する。

価格が安いということもあって、オープンから半年未満での契約数は五〇を超える人気ぶりだが、同園の特徴は、ペット専用のスペースがあることだ。第一期区画の二八八基のうち、一五%ほどの場所がペットも埋葬できることになっている。ペットだけの樹木葬墓のほか、「ペットと一緒に入れる樹木葬墓」もある。

すでに、何人かがペットと一緒に埋葬されている。人間だけが入って、あとはペットが来るのを待っている、という墓もある。

千の風みらい園の管理・運営を担当する「有限会社いづも」の社長・秋田林西《りんざい》さんは、「いまは、ペットというより、コンパニオンアニマル。家族同然ですから、一緒のお墓に入りたい人がいたっておかしくはないし、私自身も共感します。ですから、ペットと一緒に入れるスタイルを導入したのです」と語る。

人間の遺骨を埋葬する方法として、近年非常に高い注目を集めているのが、「樹木葬」である。これは、墓地の許可を取った山林等に遺骨を埋葬するというもので、樹木の根元に埋葬したり、埋葬した後に樹木を植えるなどの方法がとられる。一九九九年に岩手県一関市の祥雲寺が日本ではじめて事業化したものだ。

秋田さんが解説する。

「いまの日本のお墓のスタイルというものは、伝統でもなんでもない。わずか数十年前に定着したに過ぎません。しかも山を崩して霊園墓地を開発したら、破壊された自然は、もう元には戻せないのです。わたしが岩手県の樹木葬墓地に大いに共感したのは、樹木葬墓地が自然破壊につながらないからです。次代の子どもたちに、よりより環境を残したいと思いませんか？それは、ペットの墓地でも同じことが言えると思います」

ペット霊園も「ここまで来たか」という感がある。だが、「家族」であるならば、それは当然なのだろう。

◉ペット葬を必要とする社会

ペット葬の市場が拡大している背景には、もうひとつ切実な理由がある。

遺体をどうするか、という問題だ。集合住宅ではペットが死んだ場合には、遺体の〝処置〟に困るのだ。かつて、ペットの葬法（もしくは遺骸の処分法）として一般的だったのは「庭に埋める」というものだが、集合住宅ではそれは無理だ。

法律上、ペットの死骸は一般廃棄物、つまりゴミである（廃棄物の処理及び清掃に関する法律第二条）。だから、公共の場所に埋めたりすれば「ゴミの不法投棄」になる。自宅の庭に埋めることに問題はないが、その庭がないのだ。そこで、「一般廃棄物」として、居住地を管轄する行政の施設（廃棄物処分場）で焼却してもらうことになるわけだ。

いくら法律上はゴミであっても、焼却後に遺骨を渡すといったサービスをしてくれる自治体は、全国に多い。公的なペット葬である。和歌山県田辺市の一般廃棄物処分場もそのひとつ。ここでは従来、ペットを一体ずつ焼却（火葬）し、遺骨を返還する「一体葬」のサービスを実施していたが、一時期、ある事情から一体葬を中止した。すると、即座に市民からの抗議と再開要望が出された。そこで、行政は再び一体葬を再開。二〇〇六年五月から翌年二月までの一〇カ月で持ち込まれたペットの死骸は三八二体だった（野良犬等の死骸を除く）。

焼却経費は半額を市が負担するとあって、管内の市民から大いに歓迎されているようだ（電子版「紀伊民報」二〇〇六年三月一八日）。

三八四二億円のペット関連市場のうち、ペット葬祭業がどの程度を占めているのかは不明確である。ペット産業の実態調査では信頼性が高いとされる『ペットデータ年鑑』（野生社）では、全国に七二七軒のペット葬祭業者がいるとなっているが、実際はもっと多い。

たとえば、インターネットの「葬儀ベストネット」という検索ページによれば、ペットの葬儀社は全国で約八〇〇という。葬儀社のほか、霊園事業のみの事業所とか、ペット用の墓の墓石業者、ペットの葬具（ペット用柩、骨壺など）を扱う商店などもある。多くは、人間の葬祭関連業者が兼ねているのだが、これらの業者は『ペットデータ年鑑』ではどのような分類になっているのだろうか。また、先に紹介した行政が担っているペットの火葬については、当然、ペット事業所としてはカウントされていないだろう。

葬祭業は許認可制ではない。全国的に、どれだけの事業所がペット葬儀に携わっているのか、正確な統計がない。ペット専門の火葬場も全国にあるが、これらの火葬場を規制する法律も存在しない。

さらに実態をわからなくしているのが、宗教法人の介在だ。じつは寺院等の宗教法人がペットの葬祭業界に参入することは珍しいことではない。彼らはペットの葬儀や火葬、追善供養を「宗教行為」として考えるために、そのときのお布施を、所得として申告しないことがあるという。そのため、事業所としてカウントされていないケースもあろう。

ただし、実態は宣伝もすれば料金表も定めているところが多い。二〇〇六年三月七日に名古屋高裁は、「ペット葬儀は宗教行為。非課税だ」との原告（愛知県春日井市の寺院）の主張を退け、「ペットの葬儀、遺骨の処理などの行為は収益事業に該当する」として、課税を言い渡している（電子版「読売新聞」二〇〇六年三月七日）。

数十万円もの法外な火葬料金を、後日に請求するといった悪徳業者もいるという。ペット葬も許認可制ではないため、行政のチェックはまったく入らない。ペットの存在が「人間並み」になっている現在、行政もそろそろ、何らかの対応をしなければならないのではないか。

◉ストレス反応としてのペットロス

このようにペットは、人間と同様もしくは人間以上の存在感を社会、そして家庭のなかで持つようになった。「うちの子」たちなのである。そこで、その死によって引き起こされる喪失感、悲嘆の衝撃は、もしかしたら人間の死と同様か、それ以上なのかもしれない。だからこそ、ペットの葬祭関連サービスが人々に求められ、社会に認知されているのだろう。

人間の死によってもたらされる「喪失の悲嘆」はグリーフと呼ばれているが、ペットに関しては「ペットロス」といわれている。

上越教育大学教授の得丸定子さんと同大学大学院の院生である川島名美子さんの論文「ペットとペットロスに関する比較文化的一考察」(二〇〇五年。以下、「得丸・川島論文」)によると、ペットロスとは「ペットとの死別や生き別れによって生じる悲嘆」で、「これは正常な適応反応であるが、飼い主が受けるストレスはさまざまで、情緒的・身体的症状が現れることもある」という。

人間なら誰しも、ストレスにさらされればストレス反応を起こす。ストレス反応には、心理反応、身体反応、行動反応がある。これらは、人間がストレスをうまく乗り越えるためには欠かせない反応(適応反応)といわれる。とくに、ペットの死というストレスによって引き起こされる適応反応がペットロスであり、ひどいものになると、人間の生活に重大な支障をきたすことになる。

得丸・川島論文によると、ペットロスは以下の三タイプに分類されるという。

① 心理的な変化（悲嘆、抑うつ、分離不安、罪悪感、後悔、怒りなど）
② 身体的な変化（疲労、食欲不振、不眠、感覚麻痺など）
③ 行動的な変化（遅刻、欠勤、早退、過剰飲食・飲酒など）

これらは、通常のストレス反応よりも過剰なものである。一般的なストレス学説では、ストレスの原因（この場合は悲嘆）が解消されれば、心理的・身体的・行動的な変化は六カ月以上は持続しないとされている。しかしペットロスの場合は、もっと長期にわたることもある。これは人間のグリーフでも同様である。

ただし、対象となる動物が魚類と犬猫ではペットロスの現れ方はまったく違う。また、ペットが家族の一員になっていない家庭では、ペットロスが問題になることはない。

日本の大学生六七九人に対するアンケート調査を行った得丸さんと川島さんによれば、ペットが亡くなったときの感情としておもなものは、次のような結果になっている（複数回答）。

◎「あの時こうしていればよかった」という後悔…男性五三・三％、女性六二・一％
◎食欲がなくなる…男性一九・〇％、女性三〇・〇％
◎引きこもりがちになる…男性八・六％、女性一六・五％
◎何もやる気が起こらなくなる…男性二〇・三％、女性三〇・五％

ペットロスに関しては、じつはあまり研究が進んでいない。ペット・ロス（pet loss）という言葉は、米国で一九七〇年代から使われ始めたそうで、英語圏ではロス・オブ・ペット（loss of pet）といわれたり、ペット・ロス・グリーフ（pet loss grief ＝ペットを失うことによる悲嘆）と表記されることもある。ようするに、言葉が定まっていないのだ。研究の世界では、新しい概念ということが言えるだろう。そこで、ペットロスに関する文献も少ないというわけだ。

日本の雑誌などでは「ペットロス症候群」などと書かれることもある。たしかに、ペットロスによって引き起こされる、うつ症状や感覚の麻痺、倦怠感、不眠などは「病気」であろう。しかし、喪失の悲嘆そのものは病気ではないはずだ。ペットロスにある人に、「病気」というレッテルを貼っているような気がしてならない。だからわたしは、症候群という言葉は使わない。

◉「まったく食欲がなくなってしまった」

学者のなかには、「ペットロスなるものは研究の対象ではない」と切り捨てる人もいる。

たとえば、わたしが以前取材したある終末医療やいのちのあり方に関する研究会では、こんなことがあった。生命倫理を研究するある学者が、ペットロスについて発表したところ、「なぜペットが死んだくらいで、飼い主にケアが必要なのか？　その根拠を示せ」と声高に叫んだ宗教学者がいた。彼の場合は、どうもヒューマニズムが欠如していたようだが、ペットを飼っていない人、もしくはペットにそこまでの価値観を見出していない人にとっては、「ペットが死んだくらいで嘆く人間のほうがおかしい」ということらしい。しかしそれは裏を返せば、いのちあるものを失う悲しみや痛みを感じられない、ということでもあろう。

一部の研究者やマスコミが理解しようがしまいが、ペットロスに直面する人は大勢いる。そして、ペットロスへの対処によっては、深刻な病気を抱え込む危険性がある。

都内でひとり暮らしをする山田亮子さん（仮名・六七歳）は、もともと子どもがいなかったが、離婚後はますます飼い猫（二匹）に傾注していった。雑種だったが、内猫《うちねこ》（家のなかで飼われるネコ）として育ててきた、「愛猫」だ。

「離婚後に慰謝料はもらえませんでした。そこで、ビル清掃の仕事などをしていたところ、体調を悪くしてしまい、働くことができなくなって、生活保護を申請したのです」

自分の食事はかなり切り詰めた。ご飯よりもパンばかり食べた、という。パンのほうが安くて、カロリーが高いためである。ところが、ネコにはお金をかけた。

「乾いたご飯(ドライタイプのキャットフード)だけじゃかわいそうでしょう? だから、なるべく缶詰を買いました」

缶詰は一個、百円ないし数百円はする。それが二匹分だ。自分はパン一枚に牛乳だけで食事を済ますことも、苦にならなかった。区の生活福祉課の人は「ペットにお金をかけるくらいなら」と閉口していたが、ネコを手放すことなど「考えられなかった」と言う。だが突然、このうちの一匹が死んだ。山田さんは茫然自失《ぼうぜんじしつ》となり、それから、「まったく食欲がなくなってしまった」。

「体重が四〇キロを切ったとき、『ああ、もうじき死ぬのかも』と思いましたね。(死んだ)あの子に会えるような気がして、なんだか嬉しくなりました」

山田さんが陥った状態が、ペットロスである。彼女に対して、第三者が「しょせん動物ではないか」などという言葉をかけたとしても、なんの意味も効果も持たないだろう。人間のグリーフでも、「そんなに落ち込まないで。他の人はもっと悲しんでいる」とか、「がんばって。前向きになりなさいよ」などという声かけは、きわめて逆効果だといわれている。

山田さんの心の傷を癒したのは、時間と、もう一匹の猫の存在だった。

「あの子が死んで、丸二年がたちました。いまでも、思い出すと涙が出ることがありますが、いつのまにか悲しみは乗り越えたと思います。それに、死んだ子のためにも、この子(生き残ったほうのネコ)をしっかり守らなければと思うと、少し、気力が出るのです」

しかし、もう一匹が死んだ場合、山田さんは立ち直れるのだろうか。

実際、立ち直れなかった人もいる。

◉ペットの死から顔を背ける

神奈川県に住む柴田陽子さん(仮名・五九歳)は、長らくスナックの雇われママをしていた。結婚はせず、ずっとひとり暮らしだったが、約一五年前に、ブリーダー(繁殖家)をしている友人から血統書付のポメラニアンの子を一匹、譲り受けた。名は「ハナコ」と付けた。最初はそれほどハナコに感情移入はしていなかったが、ハナコと一緒に暮らすことによって、生活にメリハリが生まれ、規則正しい日常を手に入れることができた。なにより、自分の帰りを待っていてくれる子ども(ハナコ)がいるということが嬉しかった。つまり、ハナコが大好きになった。

そこで、さらに二匹、手に入れた。

一〇年が過ぎ、いつしか三匹と一緒の生活が当たり前になっていた。だが、ポメラニアンの寿命は一〇年から一五年程度といわれている。気がつけば、「子ども」たちは病気がちになり、見るからに老けていった。

「五年前のある日、ハナコが死にました。そのころのことは、よく覚えていません。友だちに来てもらい、お葬式をしました。ペットのお葬式をやっているお寺に頼んだんです」

ハナコの遺体は毛布に包んで、その寺へ運んだ。そして住職が読経し、敷地内の火葬炉で焼いた。柴田さんは、焼き上がった遺骨をまともに見られなかった。位牌はつくらなかったが、戒名はもらった。遺骨はその日のうちに、寺院内の納骨堂に納めてきた。

そしてそれから一カ月も経たないうちに、残ったほうの一匹が死んだ。もう、お葬式に立ち会う気力がなく、友人にすべてを依頼した。そして最後の一匹は、友人に譲った。

「もう、これ以上の不幸が来たら、わたしは生きていられなくなると思いました」

実際、そのころから無気力な毎日になった。少し働いただけでひどく疲れるうえ、仕事中、ささいなことをきっかけに、涙が止まらなくなった、という。

「ハナコたちのことを思い出せば絶対に泣きます。でも、悲しいから泣けてくるだけではないのです。お客さんと話をしているときなどに、ふいに、あの子たちの足音とかが聞こえることがありました。幻聴だと思うのですが、そう思っているうちに、涙があふれるんです。すると、もう止まりません。一時間でも泣き続けました」

◉ペットロスからうつ病に

店の同僚や客には、柴田さんの「奇行」は薄気味悪がられ、敬遠された。多少は同情してくれる人もいたのかもしれないが、「家族はペットだけ」という生活をしている人は、彼女のまわりには、ほかにいなかった。だから、「なにもペットでそこまで……」という思いを持つ人が、周囲に多かったようだ。

場の空気を読むことにかけて、水商売の女性はプロ中のプロである。周囲が「引いている」ことに、柴田さんは「とても大きなショックを受けた」と言う。店のオーナーからは叱咤激励を受けたが、それもつらかった。そして、仕事を辞めた。

「店に出るのが、怖くなったんです」

働きに行かず、家に引きこもった。そして、貯金を切り崩す生活が始まった。食欲はなかったが、食べ始めると止まらないことがあった。自分でも自分がなんだかよくわからなくなった。

友人に譲った最後の一匹の訃報が、一年後に届いた。もちろん葬式には出なかったし、葬式をしたかどうかも聞かなかった。その友人とはなるべく話をしないようにした。話したら、もう悲しみに耐えられそうになかった。

これが、柴田さんの「限界」だった。いたたまれなくなった柴田さんは心療内科に通うようになった。「重度のうつ病」と診断された。

ハナコの死から始まった不安定な精神状態は、現在も回復したとはいい切れない。一週間に一回の通院は、なおも続いている。

「いまでもあの子たちの写真を見ると涙があふれますが、突然泣き出すようなことはなくなりました。でも、生きていたいと、あまり思ってないかもしれません」と、他人事のように話す柴田さんの顔は完全にやつれ、目が落ちくぼんでいた。

ペットロスから立ち直った人に話を聞くと、「時間が経過するのを待つしかない」という意見が多く聞かれる。だが、ペットロスの衝撃が大きすぎる場合、それを乗り越えられず、うつ病などの精神疾患を抱えてしまうことがある。柴田さんは現在、「外に出るのが怖い」と言う。対人恐怖も抱えているのかもしれない。

仕事をしていないので、生活は苦しい。実家の年老いた母親から、わずかな援助をもらって生きていることも「後ろめたくて、しようがない」と涙ぐむ。「いつかはインターネットで株でもやりたいなんて考えることもありますが」と弱々しくしゃべる柴田さん。彼女の場合は、すでにペットロスの次元ではないようだ。

家族と住んでいても、ペットロスを感じることはある。

わたし自身の経験では、高校生のときに家で飼っていた猫が死んだことをいまも思い出す。当時、近所ではネコエイズが流行っていたとかで、たぶん、そのために死んだのだろう。死体は、庭に埋めた。それからしばらくは、通学の電車のなかで涙が出ることがあったりした。周囲からは、さぞや挙動不審な高校生に見えたことだろう。だが、そんなことはどうでもいい。周囲の視線を気にしたところで、悲しみが解消されるはずはないから。

その猫が死んでから、ますます死や死後のことにばかりに目が向くようになり、とても健全な高校生とはいえなくなった。そんな状態はしばらく続いたが、時間の経過とともに癒されたような気がする。部活動も忙しかったので、気がまぎれたと思われる。悲しみはいつの間にかなくなっていた。これが一般的なペットロスと、そこからの立ち直りではないだろうか。

先の得丸・川島論文でも、ペットロスから立ち直るためのきっかけとして一番多い回答は、「時間の経過」であった。

◉心の傷は時間によって癒される

アンケート調査は米国の大学生(一九四人)に対しても行われ、ペットロスに関しての日米比較調査が行われた。調査用紙の最後に自由記述欄を設け、「ペットを亡くした時の思い、感情」「ペットを亡くした悲しみから立ち直ったきっかけ」について任意での回答を求めた。

日本ではアンケート対象者六七九人のうち二六六人が自由記述欄に回答。米国では一九四人のうち一二六人が回答し、ペットを亡くしたときの思い・感情では、両国とも情緒的な回答

「悲しみ、驚き、怒り、寂しさ」が上位という結果だった。

ペットを亡くしたときの思い、感情

◆情緒─悲しみ、驚き、怒り、寂しさ…日本　四九％、米国　七二％
◆否定─否認、後悔、罪悪感…………日本　二九％、米国　一五％
◆肯定─受容、克服……………………日本　一一％、米国　一〇％
◆その他…………………………………日本　一一％、米国　三％
（得丸定子、川島名美子「ペットとペットロスに関する比較文化的一考察」二〇〇五年。以下同）

次に、「ペットを亡くした悲しみから立ち直ったきっかけ」についてであるが、、この点について両国の学生の回答には、顕著な違いが現れた。とくに際立った違いを見せたのは、次の二点であった。

ペットを亡くした悲しみから立ち直ったきっかけ（抜粋）

◆時間の経過…………日本　三五％、米国　一三％
◆新しいペットを飼った…日本　一六％、米国　二三％

両国で回答が分かれた背景について得丸教授は、「米国の学生は自律的で前向きな『征服型』。日本の学生は〝時の流れに身を任せる〟対処法。状況に対して無理に逆らおうとしない『自然型』と言えます。欧米人は自然や事柄を『征服する』一方、日本人は自然や対象と『調和、融合する』ということがステレオタイプ的によく言われていますが、それが数値で示されていると思います」と分析している。

このほか、立ち直るきっかけとして両国とも比較的多かったのは、以下の二項目であった。

ペットを亡くした悲しみから立ち直ったきっかけ（抜粋）

◆自然に／日々の生活や違うことを考えて紛らわせた…日本　一七％、米国　一四％

◆家族や友人と一緒に過ごす、話す………………日本　八％、米国　一〇％

なお、この調査では魚や昆虫等の〝ペットロス〟経験者も含まれるために、深刻なペットロスを感じていない人もいるうえ、日本では回答した二六六人のうち、「亡くしたときの思い・感情」には答えたが、「立ち直るきっかけ」は白紙という人が一二二人もいた（米国側では、ほとんど全員が二つの設問に答えている）。

設問の「きっかけ」という日本語が、なにか瞬間的、もしくは短い時間での出来事のように感じられるためか、何人かの日本の学生が「きっかけはなかったが、時間の経過で傷は癒え、自然に忘れていった」という答え方をしていることは考慮しなければならないだろう。
回答者の混乱は、癒しのプロセスは「点」ではなく「線」であること、もしくは「瞬間」ではなく「経過」であることを的確に表しているような気がする。「立ち直るきっかけ」に白紙で回答した日本の学生のうち、少なくない人が「時間」で癒されている可能性は否定できない。

◉葬儀式とペットロス

では、ペットロスに対して、葬儀・葬送はどんな「効能効果」を持つのだろうか。数は少ないながらも、「葬儀が立ち直るきっかけになった」という学生が両国にいた。日本の学生は二六六人のうち八人(三・〇%)が、立ち直るきっかけとして「埋葬・供養等」について言及している。以下、該当する答えを抜粋する。自由記述なので、ひとりの回答のなかにいくつかの要素が含まれている。

葬儀に関するコメント(日本の学生)

◎時間が経つしかない。あとは、思い出してあげて、一緒にいて楽しかったことを感謝し、土に還してあげたとき

◎そのペットの豪華な埋葬

◎お墓を作ったときに、「ああ、土に還ったんだ」と思ったら楽になった
◎母がちゃんと供養しているのを見て安心した。その後は悲しいと感じることはあまりなかった
◎お墓をきちんと作ってあげてけじめをつける
◎しっかりお墓を作って埋めてあげたら、立ち直れた
◎お墓に埋めてサヨナラをいうことによって立ち直ったかな
◎時間が経てば悲しみも薄れる。ほかのことで忙しいと考えなくなる。きちんとお墓を作って、記念品を残して心の整理をする

一方、米国の学生で葬儀・埋葬に言及した人は、一二六人のうち三人(二・三%)。以下、該当するコメント部分である。

葬儀に関するコメント(米国の学生)

◎新しいペットを得たこと。死んだ彼を裏庭に葬り、〝葬式〟をあげたこと
◎新しい別のものを得ました。そして、古い猫を埋めました
◎ペットが死んだのはわたしが成長する前、私は八歳でした。わたしはたぶん、彼女を埋葬し、心からの言葉をはなむけにしたのだと思います。それは素晴らしい光景でした

右記には数えていないが、以下のような回答もあった。

◎私はペットロスに対処し、悲しみのうちに留まるべきではないことを知っていました。彼らは天国にいるのだ！

表現文化社が発行する雑誌『ＳＯＧＩ』編集長の碑文谷創さんは、（人間の）グリーフについて、「葬式には、多いか少ないかは別として、親戚や知人、友人が顔を出してくれます。そしてこの人たちが遺族に寄せる共感は遺族の心をさまざまな形で支えてくれるものです」と述べている（評論「グリーフとは何か？」表現文化社ホームページより）。

人間の葬儀の持つちからの源泉は、儀式のなかでの他者とのつながりであるという。一方、得丸・川島論文で指摘されたペットの「葬儀式」の内容の多くは、埋葬の場面であった。しかも、「親戚や知人、友人」があまり関わっていないような印象がある。孤独な葬送といったら、言い過ぎであろうか。

得丸さんと川島さんは論文のなかで、ペットロスから立ち直ったきっかけについて、前述のもの以外の少数の回答を分析している。

「『そのペットのことを話さないようにする、忘れようとする』ことはアメリカの記述にのみ、『ありがとう』と思うことは日本の記述にのみ見られた。この二つはまったく逆の対処法である。前者はペットの死だけではなくペットが存在した事実すら拒絶し、なかったことにして忘れるという〝排除〟であり、後者は感謝することでペットの存在とその死を〝受容〟するということである。これらの対処法が挙げられたのは日米ともにわずかずつではあるが、二国間の大きな差である」とし、ペットの死の受け止め方の違いを指摘している。

(ペットの)死について日本人は受容し、米国人は拒絶する傾向があるというのだ。

◉ペットロスの受け止め方

いまやペットが擬人化された存在である以上、人間の死に対しての感情や感覚、喪失感についても、両国で、ペットロスに対する感覚の「差」と似た状況があるのだろうか。興味深いところである。

なお、このアンケートは学生に対して実施された。若年者のほうがペットロスの影響は重いと考える獣医師もいるようだが、ペットロスは若年者に限ったことではない。ひとり暮らしの高齢者でペットに自分が存在する理由のすべてを注ぎ込んでいるような人は、若年者よりも危険な状態になるのではないかと思われる。

葬儀に関してであるが、ペット斎場で一日過ごせばよくわかるが、葬儀の主宰者（施主＝費用を負担する者）の多くは、その家で責任ある人々、多くは中高年者だ。ペット葬を、世帯の生計維持者ではない若者もしくは学生が主体的に選ぶということは一般的とは思われないので、学生が回答するこの調査での「きっかけ」の理由として、「時間の経過」と「葬儀」などを並列に扱っていいのかどうか、疑問が残るように思う。

ペットとの関わりというのは第三者には計り知れない。だから、高齢者や若年者という年齢での分類をする場合には、国や民族性、宗教性などを慎重に考慮する必要があろう。日本では、戦争を生き抜いてきた高齢者のほうが死の受容能力は高いといわれている。ただし、それは人間の場合だ。

これまで見てきたように、死んでいく人と遺される人の双方が死別の前に死について語り合えたかどうかは、人がグリーフを乗り越えるときに、大きなちからになる。ところが人間は、ペットとは（言語を使った）会話ができない。その反面、人間はペットに対して一方的に愛情を注げるし、実際、注いでいる人は少なくない。このあたりに、ペットとの死別によって、飼い主が破滅的な精神疾患に追い込まれる原因が潜んでいるような気がする。

第三者にとっては「たかが動物」でしかないペットは、飼い主にとっては「わが子以上」なのである。周囲の無理解は、悲しみのうちにある者を、情け容赦なく孤立させる。

◉社会が共有しないペットの死

ある獣医師から、こんな話を聞いたことがある。

「近年はアニマルセラピーが注目されています。独居の人や高齢者が動物と触れ合うことで、心に豊かさを取り戻すほか、生きがいを感じられるようになる、というものです。『哺乳類等の動物を抱くことによって、人の心は癒される』とも言われますが、犬猫の平均体温は人間よりもやや高温です。人間に長時間抱かれると、彼らは体を冷やしてしまい、風邪を引くわけです。人間にとっては癒しでしょうが、動物の立場では迷惑になることもあるのです」

この獣医師は、ペットに関するあらゆる事柄があまりにも人間中心に語られる状況に「疑問を感じる」とも述べていた。

「ペットを大切にする気持ちは素晴らしいことですし、ペットとの暮らしは人間性を豊かにしてくれると思います。ただし、擬人化や愛情も度が過ぎれば動物にとっては苦痛になる。それをわたしたちは考えるべきでしょう。動物は人間の代替物ではないのです」

地球生物会議、動物実験廃止・全国ネットワークの代表を務める野上ふさ子さんは、動物実験など、人間の都合で一方的に犠牲にされる動物たちを救う運動の先頭に立ってきた。生きもののいのちの大切さを訴え続けてきた野上さんであるが、彼女も、一部の飼い主たちがあまりにもペットにのめり込んでしまうことには違和感を覚えるという。

「愛情を注いでいればこそ、ペットの死に深い喪失感を持つのは人として当然の心情でしょう。しかし、そのペットロスが数年にもわたり、心の病気になったりする人もいます。ペットの死が自分自身の喪失につながってしまうということは、ある意味、そこまでペットに寄りかからないと生きられないということで、一種の依存症のようにも思えます」

ここまでベッタリな関係では、ペットと飼い主の関係はこもりがちになり、第三者にはまったく見えない。当然、そのペットの死も、社会に開かれたものではない。そして仮に開かれたとしても、愛犬と死別した柴田さんが周囲の人たちから精神的に追い込まれたように、飼い主以外の人は、他人のペットの死に関心を示さないこともある。

だが、ペットの死には否応なく「社会が関わらなければならない場面もある」と野上さんは言う。

「ひとり暮らしのお年寄りが、犬や猫をよりどころとして飼育していることが多いのですが、入院や施設に入所しなければならなくなったり、あるいはお年寄りが亡くなったあと、残されたペットが問題になります。多くは引き取り先がないために、自治体の動物愛護センターなどに収容されるのですが、新しい飼い主が見つかる確率は非常に少なく、ほとんどが殺処分になります。殺処分といっても、動物をガス室に閉じ込め、二酸化炭素を送り込んで窒息死させる方法です」

この方法では、犬は一〇分、猫は一五分ほどもがき苦しむといわれている。

人間のグリーフ同様にペットロスがあるのだから、人間の予期悲嘆(先取りされたグリーフ)も同様に、ペットの場合でも起こる。野上さんは、こう説明する。

「ペットを残していくことが唯一の気がかりというお年寄りもいます。行政に引き取りを依頼せざるを得なかったお年寄りは心を苦しめ、なかには悲嘆にくれ、うつ病になる方もいます」

ひとり暮らしの高齢者の孤独死が社会問題としてクローズアップされるが、取り残されるペットについて、社会はもう少し関心を払ってもいいのではないだろうか。ペットのためにも、飼い主のためにも。野上さんが指摘する。

「飼い主にお金があれば、『老人ホーム』ならぬ『老犬ホーム』にペットを預ける人もいます。ペットの終末期にも『格差社会』が反映されているようです」

老犬ホームというのは、飼い主が飼えなくなった老犬を、手厚い待遇で終生飼育する施設である。いま、全国に急増中だ。

「誰もが『老犬ホーム』を利用できるわけではありません。ですから行政は、新しい飼い主への譲渡をすすめたり、殺処分する場合は、せめて苦しみのない方法をとるべきではないでしょうか」と野上さんは問いかける。

第1章では、ジャンケレヴィッチの説を踏まえ、死を「人称態」で分類した。ペットが「うちの子」になり、さらにペットロスがあり、予期悲嘆まである以上、当然ながらペットの死も、人間に大きな影響を及ぼすといえる。では、ペットの死は、何人称であろうか。

ここで通説をおさらいすると、三人称の死は親しくない人の死。二人称の死は親しい人の死。そして、一人称の死は自分。であるなら、一人称ではない。ペットロスの衝撃の深刻さや、家族同然もしくは家族以上の存在感を考えると、飼い主にとっては、「うちの子」の死は、三人称とはいえないだろう。では、二人称であろうか。それとも、「四人称」とでも名づけたほうがよいのだろうか。

人間の場合の二人称の死とは、「次は自分かもしれない」という予期的な死の感触・実感をもたらす。だから、死に逝く者との有言無言のコミュニーションによって、遺される者に死のリアルを教えるのだろう。だからこそ、グリーフも深いのだ。

そして第1章で触れたように、葬送や追善供養(追悼の祈り)という伝統があったために、第三者であっても、わたしたちは他人の死に接することが可能で、「二人称の死は当事者には辛い」ということを知識として知る機会が確保されていたということが言えるのだろう。そういった機会のおかげで、葬儀に参加する心得のようなものや(いまでは、心得の部分までマニュアル本に頼るのが我々なのだが)、遺族に対する思いやりのようなものを、持ち合わせることができたのではないだろうか。

ところが、ペットの死は社会に向かって閉じられている。それはまるで、恋のようなものかもしれない。誰かの恋愛感情を、第三者なり社会なりが共有するなどできない相談だ。ペットを失うことでもたらされる死のリアルは、飼い主にしか感じ取れないのかもしれない。

◉社会に開くことで癒される心

哲学者の鷲田清一さんが著書『教養としての「死」を考える』(洋泉社)のなかで、自分の父親の死について興味深いことを述べている。

鷲田さんは京都の人。京都の伝統として、御逮夜《おたいや》という死後の法要がある。これは四九日までに七日ごとに行われるもので、他の地方の「忌日法要」に相当するものだ。

鷲田さんは生前の父親とは「いろいろなことがあったので、(略)もつれた感情は、相手が死んだからといって簡単に打ち消すことができませんでした」。ところが、御逮夜という場で、招かれた客たちと父親のことを回想していると、モヤモヤとした感情が「社会的に回収されていくという実感」を持ったそうだ。

「自分と父との閉じた関係そのものは変えることができなくとも、その関係を御逮夜という社会的な場のなかに溶け込ませることによって、随分楽になることができた」と言う。

「死」を社会に開き、そして親族ではない第三者と共有することで「楽になる」との鷲田さんの意見は、実体験がもとになっているだけに説得力がある。葬儀式には、死を社会に開かれたものにしていくという作用があり、会葬者が死を共有することで、グリーフケアにつながっていくようだ。

一方のペットロスであるが、これまで見てきたように、その死は「非公開」で、あまりにも「個別的」だ。飼い主以外、そのペットの死のリアルを共有することは難しく、社会に向かっては閉じられている。そして、ペットロスを抱える人たちを非難する者までいる。

飼い主がペットに精神的に依存し過ぎるのもどうかと思う。しかし、うつ病などによる自殺者が急増する現代の日本において、ペットロスという心のリスクに直面している人たちを非難するような風潮は、賢明なこととは思えない。

犬猫の飼育匹数が増えているにもかかわらず、社会全体でペットロスが充分に認識されていないような状況にあっては、ペット葬という時空間は、かなりの重要性を持つと思われる。葬送の現場において第三者であるペット斎場のスタッフとの関わりが生まれることで、いくぶんでもペットの死が社会に開かれ、飼い主(遺族)を危険な孤立から救い出すきっかけになるのかもしれない。たしかに彼らスタッフは業務としてペット葬に従事している。だが、飼い主の悲しみに真摯に向き合おうとする人々は、千葉県八千代市の「ペットやすらぎの郷」の例を出すまでもなく、全国にたくさんいる。

しかし、良心的な業者がいる一方で、残念ながら詐欺行為を働くペット葬祭業者や、ことさらにペットの霊の祟《たた》りだのを強調してペット供養をすすめたがる胡散臭《うさんくさ》い業者や宗教家が暗躍しているのも現実だ。

葬儀・法要の結果として語られる成仏や、祟りの除去などの信憑性については、わたしはよくわからないし、興味がない。それよりも、鷲田さんの言葉を借りれば、「閉じられた死を社会的な場に溶け込ませる」役割にこそ、ペット葬の意味のひとつがあるような気がする。

第5章

「千の風」の時代のお葬式

――弔いの心への回帰

◉小泉八雲の遺言

池袋駅（東京都豊島区）から明治通りを新宿方面に少し歩き、南池袋一丁目の交差点を左に曲がって一〇分ほど歩くと、都電荒川線（路面電車）の雑司ヶ谷《ぞうしがや》駅が見えてくる。この付近には、有名な鬼子母神《きしもじん》のお堂や、旧宣教師館（明治四〇年落成。豊島区で最古の木造洋風建築）などがあり、明治の東京情緒が感じられる住宅街になっている。都電の軌道を越えれば、眼の前が都立雑司ヶ谷霊園である。

墓地のなかにはとくに標識はないのだが、散歩を兼ねて歩き回れば、夏目漱石や永井荷風といった著名人の墓を眼にすることができるだろう。ラフカディオ・ハーンこと小泉八雲の墓も、ここにある。

小泉八雲は一九〇四（明治三七）年九月二六日、西大久保の自宅において狭心症で他界した。来日から一四年目、五四歳だった。

死の一週間前、八雲は狭心症の発作に襲われ、自らの死期を悟ったようだ。発作が治まるやいなやセツ（節子）夫人に対し、遺言めいたことを言い出すのだった。

（前略）この痛みも、もう大きいの、参りますならば、多分私、死にましょう。そのあとで、私死にますとも、泣く、決していけません。小さい瓶買いましょう。三銭あるいは四銭くらいのです。私の骨入れるのために。そして田舎の淋しい小寺に埋めて下さい。悲しむ、私喜ぶないです。あなた、子供とカルタして遊んで下さい。如何に私それを喜ぶ。（後略）

（小泉節子「思い出の記」『全訳小泉八雲作品集　第十二巻』恒文社）

雑司ヶ谷霊園にある小泉八雲の墓。

帰化したとはいえ、日本語に堪能ではなかったといわれる八雲が、知っている限りの言葉で、セツ夫人に対して訥々《とつとつ》と語った情景が偲ばれる。この遺言に、死を前にした夫としての、そして父としての、偽らざる八雲の真心が凝縮されていると思うのは、わたしだけではないはずだ。死後、八雲は天国へも地獄へも赴くつもりはなかった。「小泉八雲」という個性のまま、遺族を見守り、娘や息子たちの成長にずっと寄り添うつもりでいることがよくわかる言葉ではないかと思う。

そしてこの感性は、小泉八雲個人のものではない。八雲風に言えば「民族の記憶の集合」とでも言うべきものだ。なぜなら、彼が〝遺言〟で示した死後の世界観というか、遺族と死者の関係性（死後の交流）というものは、テノール歌手の秋川雅史さんが歌い、一躍有名になった「千の風になって」と、かなり似ているように思えるからだ。

一人称の死者（死に逝く者）が生者に語りかけ、そのグリーフを癒すという構図、死者は遠くに行かないという考え方、死者と遺族との死後のコミュニケーションが楽しげであることなど、共通する要素は少なくない。

死者の言葉で「わたしは死んでなんかいません。お墓になんかいません。千の風になって、大きな空を吹き渡っています。光や雪、鳥や星になってあなたとともにいます。あなたを見守っています」と歌うこの曲が爆発的に売れているということは、つまり、これが日本人の心の琴線に触れたのだろう。ということは、八雲の言葉も日本人の感性から外れているとは思えない（没後一〇〇年を経た現在も、彼の文章が読み継がれている理由がここにある）。

八雲の考え方は、大多数の欧米人の共感を呼ぶとは思えない。また、ガチガチの仏教者に言わせれば「成仏できず、往生できずに現世をさまよう亡魂」となるのかもしれない。

だが八雲は、魂がこの土地にとどまること、そして、遺族との楽しいコミュニケーションを通して、故人も遺族も慰められるという日本人の感性、もしくは他界観というものを感覚として理解しているようだ。その感性こそが、小泉八雲をして日本人の内面の深い部分へと沈降させたのではないか。日本人が夢想してきた「死後に行くべき場所」や「還るべきふるさと」は、はるかな十万億土《じゅうまんおくど》の極楽浄土ではなく、それはあくまでも、遺族に近いところ。愛しき家族の住まう、この土地のどこかだったのではないだろうか。

◉変わる葬送のかたちと意味

いま、お葬式が揺れている。パラダイムシフト(ある集団の思想や価値観の劇的な転換)を迎えていると言ってもいいほどの変化だ。「千の風になって」の流行は、まるで、この大転換を象徴しているかのようだ。

これまで、日本のほとんどの葬儀は仏教の方式で営まれてきた。そしてその葬儀とは「死者のため」を標榜する儀式であった。宗派によって表現は違うものの、「仏の弟子になるため」「成仏するため」「悟りを得るため」「西方浄土へ渡るため」と説明されてきた。一部の宗派は、「仏への信仰を表明する儀式」と自らの教義を主張しているが、その宗派の葬儀であっても、出席する一般人にとっては、故人のための儀式と解釈されてきたことは容易に想像できる。

ところがいま、わたしたちの意識は、愛する者が成仏するとか西方浄土へ行くとか地獄へ落ちるとか、そういったことではなく、むしろ愛する者と死別したあとに遺される「わたし」、そして「わたしと死者との関係」へと向けられているのではないだろうか。だからこそ、グリーフ(喪失の悲嘆)やペットロスが注目されているのではないかと思う。

それぞれの宗教は、お葬式の意味や死後の世界の概念について、おのおのの立場から解釈し、人々を導こうとしてきた。かつてはその解釈に疑問を挟むような人は、ほとんどいなかった。だが現在のわたしたちは、そういった宗教的な理由づけに納得しかねているのかもしれない。そんなとき、日本人は「千の風になって」にめぐりあった。この曲が伝える死後のイメージは斬新だが、どこか懐かしいものだった。だから、仏式の葬儀や墓を根底から否定する内容の歌が、仏式の葬儀のBGMでも盛んに使われるようになった。

葬儀は、生と死がせめぎあう境界線である。それが基本だ。どんなに葬儀の内容や形式が変化したとしても、基本は変わらないだろうし、変わってしまったら、それはもう葬儀ではないだろう。だが、この〝基本的なところ〟に長く関わってきたはずの仏教が、その存在感を失いつつある。いつのまにか、葬儀から仏教が後景化してしまったのだ。

「僧侶は葬儀の一部分を担当する役者。演出は葬儀社」「葬式仏教ではない。葬式の一部仏教」「仏教がどれだけ機能しているかを考えると疑問を感じる」(二〇〇七年一二月二〇日付「仏教タイムス」での東京大学教授・末木文美士《すえきふみひこ》さんのコメント)という事態になっている。

わたし自身は、葬儀に宗教が介在したほうが「落ち着く」と思っているが、もしかしたら、少なくない日本人は、もはや葬儀に〝仏教〟や宗教を必要としていないのかもしれない。だがら「千の風になって」はヒットした。だが、それはそのまま、わたしたちが死者を悼む気持ちや弔いの心、死後も愛する者とつながろうと思い描く気持ちまでは、完全には失ってはいない、ということを証明しているのではないだろうか。

◉「千の風になって」の世界観

「千の風になって」は、二〇〇七年で唯一のミリオンセラー（一〇〇万枚以上の販売）になった。ポップスやロックなどの強豪を退け、オリコン年間ランキングでも第一位に輝き、まさにいまの時代を代表する曲になったといえるだろう。

もともとは英語の詩である。米国のネイティブ・アメリカンが口伝えで継承してきたとも、アイルランドが起源ともいわれる作者不詳で題名のない詩があり、米国では、これを葬儀の際に朗読する人々がいたそうだ。なお、米国の主婦メアリー・フライさんが一九三二年に原詩を書いたとする有力な説もある。日本では永六輔さんが、日航機墜落事故で亡くなった坂本九さんの葬儀で朗読したのが最初だった、といわれている。

この詩が世界的な注目を集めるようになったのは、9・11米国同時多発テロ事件から一年後、ニューヨーク世界貿易センタービル跡地で営まれた追悼式典（二〇〇二年）であったとされる。事件で父親を亡くした一一歳の少女が、この詩を朗読したことをきっかけに、世界のメディアが紹介したそうだ。

その後、詩人の新井満さんが訳詩・作曲し、「千の風になって」という題名で、私家版のCDを発表したのが二〇〇三(平成一五)年。新井さんは、三行目のフレーズである「I am a thousand winds that blow(わたしは吹き渡る千の風)」にちなんで、前述のタイトルを付けた。

そして、新井さんのCDが葬儀の場面でかけられたり、少しずつメディアでも取り上げられるようになっていった。

歌詞の内容が墓の存在意義や、宗教が説明する死後の世界を否定しているとして、この曲を批判する僧侶は少なくない。だが一般のレベルでは、なにを言っているかわからないお経よりも、この曲に「癒される」という人が多いのが現実であろう。

新井さんの曲をカバーした秋山さんのCDが二〇〇六年に発売され、人気は決定的となり、「葬儀で使う曲」という範疇を超え、カラオケや合唱団、歌声喫茶でも中高年の人たちからの熱い人気を集めている(「朝日新聞」二〇〇七年六月二〇日)。小学校で合唱しているところもあるそうだ。

わたしが葬儀の現場で最初にこの曲を聞いたのは、長崎県佐世保市の小六女児殺害事件の被害者・御手洗怜美さんのお別れ会(二〇〇四年)であった。新井さんのバージョンである。

詩の内容とメロディーの美しさに心が洗われた気がした。死者が、グリーフにある生者に直接話しかけ、「わたしはここにいます。千の風になって、あなたを見守っています。だから泣かないで」と優しく諭《さと》すのだ。なんという美しい世界観だろうか。

◉男は天国へ行き、そして畑に帰った

じつは、以前にも死後のストーリーを歌い、大ヒットした曲がある。一九六八（昭和四三）年にザ・フォーク・クルセダーズが歌った「帰って来たヨッパライ」だ。三〇歳代後半より年齢が高い人は覚えているかもしれないが、〝おらは死んじまっただ～天国に行っただ～〟と、死者が一人称で死後のストーリーを歌うという珍曲だ。

この曲は徹底的にパロディであり、ほとんどラリっているような歌詞といい、天国を追放された主人公が「帰って」「生き返る」場所が、何の変哲もないそのへんの「畑」というところが非常にシュールだ。一方の「千の風になって」は、光に満ちた明るい曲調ではあっても、歌詞の内容はきわめて生真面目である。二つの曲は対極の関係にある。

「帰って来たヨッパライ」が流行った六〇年代後半から七〇年代に比べ、「千の風になって」が流行している現在の時代というものは、「死」がより重いテーマになっているのだろうか。ただ、両曲が「天国」やら「極楽」という世界に対する強烈なアンチテーゼになっている点は、同じであろう。

一九六八年に開始されたオリコン調査において、「帰って来たヨッパライ」は、史上初のミ

リオンセラーを記録した。くしくもその四〇年後、やはり同じように、死者が一人称で語る歌「千の風になって」が、ミリオンセラーになったわけだ。

四〇年前のあの当時、「帰って来たヨッパライ」をゲラゲラ笑って聞いていた若者たちが、いまや「千の風になって」を愛する世代になった。四〇年の歳月は、社会だけではなく人間をも充分に変えたようだ。「帰って来たヨッパライ」では「死後の自分」がテーマであったが、「千の風になって」では、「死別後の遺族」「遺族と交流する自分(死者)」への視線が中心になっている。「帰って来たヨッパライ」には、遺族や、主人公の周囲の生者が抱える喪失の悲嘆(グリーフ)への配慮などはまったくない。四〇年前の彼らには、グリーフに対する実感がなかったのだろう。

しかし人の死は、本人だけではなく、その周囲の者にとっても切実な問題である。第2章で述べたように、親しい者の死は、周囲の者にも死を経験させるためだ。

◉予期悲嘆と医療者の役割

臨終を迎える日々のなかで、死期が迫った本人がまるで悟ったような境地に達することがある一方、本人を見守る家族のほうがかえって動揺し、より深い悲しみを抱えることがある。

医療の進歩は、臨終の場面をラジカルに変化させた。とくに、死を覚悟する状態になってから息を引き取るまでの期間が、以前よりもはるかに長くなり、死を人為的にコントロールすることが可能になったためだ(ちなみに、出産さえもコントロールできる時代である)。

そのため、本人がまだ生きているあいだに家族はグリーフを先取りし、グリーフを抱えながら死の訪れを待つ可能性がある。これが、先取りされたグリーフもしくは「予期悲嘆」と呼ばれる心理状態である。

寝たきり高齢者の長期療養ともなると、葬儀以前に家族の予期悲嘆が終了してしまうことすらある。高齢者を特別養護老人ホームに入居させたとする。そのまま数年が過ぎ、施設で死を迎えるころには、家族が一種の解放感や安堵の感覚に包まれることがあるのはこのためだ。決して、その本人を忘れているわけではない。だがその家族にとって、悲嘆は「もう済んだこと」になってしまっているのだ。

過剰医療にすがりついたまま死を迎えると、断崖絶壁から落とされたような感覚になる。死から顔を背けて予期悲嘆を封印したために、心の準備ができていなかったためであろう。

近年、過剰医療が批判の槍玉にあがっている。患者や家族の人格・尊厳よりも、医療行為や病院経営を優先するような延命治療は、過剰医療の典型だ。その反発のなかから出てきたのがリビングウィル運動である。Living will は「生前の意志」と訳されるのだが、尊厳死を希望し、延命治療を望まないことを本人が生前に意思表示するというものだ。過剰医療への反省は、「人間の尊厳」が医療から失われたことに対する反省なのだろう。

先日、神奈川県内のA病院（総合病院）に、死期の迫った友人を見舞った。彼は緩和ケア病棟に入院していた。末期のがんであった。

数人の仲間と一緒に見舞いに行ったのだが、わたしたちが病室に入ろうとすると、看護師が「いま処置中なので、病室の外でお待ちいただけますか？」とひどく申し訳なさそうに言う。そして処置が終わると、「椅子、足りますか？」と声をかけてくれた。足りない旨を伝え、「ナースステーションまで取りに行きますよ」と申し出たところ、「どうぞ、そばにいてあげてください。わたしが持ってきますから」と、彼女は言うのだった。わたしたちは、彼女の豊かな人間性に驚いた。

この病院内にも、冷たい態度を取る看護師がいないとは限らない。しかし、緩和ケア病棟全体に、光と暖かさがにじんでいた。好感が持てる病棟だった。知人は、そこで死んだ。

都内の別の病院の正面玄関に、「入院患者との面会時間は三〇分以内でお願いします」と書かれていたことを思い出す。わずか三〇分で、どうやって充分な看取りができるのだろうか。看取りとは最期の瞬間だけではない。死が避けられないとわかってから、臨終まで続くプロセスだ。一回の面会が三〇分では、それこそ最期の瞬間に立ち会えない可能性が高い。死を迎える者を取り囲むのは医療機器ばかりで、医療者さえもそばにいないことがある。

あまりにも死が孤独だ。いつから、わたしたち人間は、このように孤独に死ぬことを強要されるようになったのであろうか。

「面会時間の制限など守らなくてもよい」という意見もあるだろう。実際、知人が入院していたA病院の緩和ケア病棟の看護師たちは、あまり面会時間に制限を設けていないようだった。だが、病院によっては、面会時間の超過を非常に煙たがるところがある。そういう病院では、「そばにいてあげたい」という患者の家族の気持ちは、顧みられない。

私的な話で恐縮だが、わたしの父が入院していた埼玉県のB病院では、ベッドサイドに椅子がなかった。見舞いに行ったとき、看護師に椅子を希望しても断られることがあった。

父が集中治療室にいたという理由もあったろうが、スタッフの態度は全体的に冷たかった。笑顔が不足していた。ただひとり、親切な看護師がいて、椅子を出してくれたり、「気が済むまでいていいですよ。処置のときだけはずしてもらえば」と声をかけてくれたのが、救いだった。

入院直後、担当医は「すぐに退院できます」などと笑顔で断言したが、父は日に日に肺炎が悪化し、多臓器不全に陥った。最後は人工呼吸（機械的人工換気）に頼った。人工呼吸による痛みを抑えるため、強力な鎮静剤が処方され、その副作用で父は覚醒しなくなった。

もともと失語症のため、なにもしゃべれなかったのだが、コミュニケーションは絶望的になった。思うところがあり、供給酸素量を減らしてもらう代わりに、鎮静剤の量も減らしてもらえないかどうか医師に頼んだところ、「どうなっても知らない」との返事だった。どうなるもなにも、遅かれ早かれ死ぬのだ。ほかの家族はまだ、父の生還を信じていたのかもしれないが、わたしにはなんとなく、父が死ぬことが感じられた。

だからこそ、わたしは父に話したかった。まだ言っていないことがたくさんあった。父から受けた理不尽な仕打ちへの恨み、不器用ではあったが、父から与えられた愛情への感謝、思い出、別れの言葉などを聞いてもらいたかった。いや、父には聞く義務があると思った。それに、外国に住んでいるわたしの妹がまだ帰国していなかった。妹に会わせなければならない。

鎮静剤の投与量は減ったが、なにも影響はなかった。逆に呼吸は穏やかになり、ときどき意識が戻った。帰国した妹とも目と目で会話をすることができた。それ以降は、家族が見舞いに来るときに合わせて、意識が戻ることが多かった。父の意思を感じた。結局、集中治療室から出ることはなく、父は、そこで死んだ。

北陸地方のある大規模病院に勤務する知り合いの医師は、こう述べる。

「病院は死を隠そうとします。死は医療の敗北という考えが背景にあるためです。病院内では看取りの時間や環境が確保されていなかったり、亡くなった患者さんを霊安室から早く出させたりするのは、このためです。たしかに、患者さんと家族が抱える死の不安に配慮し、患者さんと家族に対するスピリチュアルケアを模索するドクターやナースは増えています。しかし、スピリチュアルケアに心を砕いても、（保険の点数は付かないので）病院の収入にはならないのです。理解のない病院で患者や家族の側に立ち過ぎると、逆に、医療従事者が精神的に潰れてしまうでしょう」

人間の死は、敗北だろうか。そうではあるまい。死そのものは自然なことであるし、その人の人生のクライマックスではないだろうか。そして葬儀は、人生のカーテンコールではないかと思っているのは、わたしだけであろうか。

◉韓国には病院付属斎場がある

医療の進化と終末期の変化によって、今後はますます、死後のグリーフよりも生前のグリーフこそが深刻な問題になるケースが増えてくるのかもしれない。グリーフに向き合うためには、死に向き合わなければならない。ところが、病院だけではなく、日本人は死を隠したがる。死はタブーなのだ。

斎場や墓地・火葬場の建設反対運動や、霊柩車を自分の家の前の道には走らせないように自治体へ陳情する人々がいるのは、その典型ではないだろうか(本人が死んだとき、自分の家の前は霊柩車を走らせないのはいいとして、どこで葬儀や火葬をするつもりなのだろうか)。

こういう風潮のなかでは、たとえば、まだ死んでいないうちに病院に葬儀社のスタッフを呼んで、患者本人もしくはその家族が葬儀の段取りなどしようものなら、周囲に眉をひそめられるのは必至だ。

東洋大学准教授で死の文化をテーマとするジャーナリストでもある井上治代さんによれば、

韓国には病院付属の斎場がいくつも存在しているという。

「韓国でも葬送儀礼が大きく変化しています。とくに、都市への人口集中によって墓地が不足し、葬儀の場所の確保が難しい状況です。韓国では国が主導して火葬率の向上に取り組み、墓の省スペース化や環境に負担をかけない樹木葬を導入しているほか、病院付属斎場を普及しようとしています」と井上さんは報告する。さらに、「韓国では高層の集合住宅が近年になって多数出現した結果、遺体を狭い自宅に戻せない状況もあって、病院の霊安室に人が駆けつけるようになり、そこが斎場化しました」と言う。

西洋もしくはキリスト教圏には、病院内に礼拝堂があり、そこで葬儀を行うことはそれほど奇異なことではないし、病院の霊安室から出棺して墓地へ向かうことも、日常的だ。だが、韓国の病院付属斎場は、病院を経営する法人が敷地内(登記上は別の敷地)で、日本で見られるような葬儀社経営の斎場と同様の施設を運営しているという点で、〝病院内礼拝堂〟とは性格がだいぶ違うのだ。

形態としては、病院と斎場が別棟になっているものや、つながった建物ではあるが入り口は完全に別方向を向いているものなどがあるという。井上さんによれば、韓国大統領令で儀礼の簡略化を命じた一九七三年以降、病院付属斎場というスタイルが出現したという。

韓国の現状は、死をことさら忌避する日本人には理解できないかもしれない。日本では、第二次世界大戦以降、とくに死がタブーとなったといわれている。

一方、西洋には死を思え（メメント・モリ）という古い格言がある。メメント・モリというのはラテン語で、「（自分の）死を心に刻め」というのが元の意味だ。ようするに、いつかは死ぬ（有限のいのちの）おのれを知り、そこからいまを生きろ、ということを諭す教訓であろう。死ぬいのちを見つめることが、生きるいのちを見つめることにつながっていくという興味深い考えである。

◉予期悲嘆を僧侶はケアできるのか

予期悲嘆は、本人と家族の死の先取り体験から生まれる。とくに、本人よりも家族のほうが深刻な問題を抱えやすい。死後の法要に僧侶が関わるように、予期悲嘆の段階から、僧侶はもっと「臨床援助」に心を砕いてもいいのではないだろうか。誰かが死んだあとで、葬儀社からの電話を受けて、それから出かけていくようではもう時代遅れなのかもしれない。

なぜなら、予期悲嘆を終わらせてしまった人々の葬儀は、なにか妙に晴れ晴れとしていて、僧侶が強調する「人生の無情さ」とか「別れのつらさ」などは、葬儀の場ではもはや多くの人が感じていない可能性があるといわれるからだ。

ＢＧＭ的な扱いを受けているとはいえ、いまはまだそれなりに存在価値が認められている読経や法話も、そういう葬儀では、「蛇足」のように感じられてしまうかもしれない。葬儀をめぐるパラダイムシフトは、僧侶が自覚しようがしまいが、彼らを巻き込みながら進行しているのである。

仏教学者で僧侶、上野学園大学元教授の松濤弘道《まつなみこうどう》さんは、「日本の仏教寺院は現在、コペルニックス的な激しい転換期を迎えているが、それを認識していない僧侶がいる」と危惧する。「団塊の世代の葬儀が行われるうちは、つまりあと三〇年ほどは存続できる寺院も多いだろうが、それが過ぎてしまえば、現在七万八〇〇〇あるという寺院のうち、存続できるのは半数以下。ほかの寺院との統廃合が進むことが予想される。僧侶も、自分の信念を国民に語ることをしない。一般の国民のほうが仏教についての知識や体験が豊富ということもありえる」と言う。

松濤さんは、「僧侶の言葉に説得力がない」と嘆息している。実際、知日派のチベット人仏教者のクンチョック・シタルさんも、「日本の僧侶の多くは、自分の信仰に自信があるようには見えない」と語っていた(二〇〇七年一一月一九日、第四〇回全日本仏教徒会議　神奈川大会講演)。

わたしは以前、若い僧侶を招いて、ある法要を企画実行したことがある。その僧侶の無知さと幼稚さ、ことあるごとに「わが教団では」などと、一般には通用しない内輪の教団理論を振りかざす体《てい》たらくに、参加者たちが業を煮やしたことがある。わたしはその僧侶を叱ったのだが、「一般人に怒られたのは初めての経験」と曰《のたま》ったのを聞いて、絶句したものだ。一般人と対等の接点がないのだ。これでも彼は、彼が所属する教団の一等教師（上級の布教師）だった。

どこの宗派でも、僧侶の養成過程で重視するのは儀式の部分であり、一般人との対話の訓練などはあまりしていない。儀式をちゃんとやれば衆生《しゅじょう》（わたしたち一般人）を導ける、という発想らしい。だが今後はもっと、社会の現実に目を向けた仏教であってほしい。そうしなければ、日本仏教は壊滅する。予期悲嘆のケアなど、夢のまた夢であろう。

不勉強な僧侶は「いまでも葬儀の九五％は仏式」と鼻息が荒いのだが、現実には、ほかに手段がないから仏式でやっているという「宗教浮動層」が多いのではないだろうか。一般人がほんとうに仏教を厚く信仰していたら、「千の風になって」の曲も、「キリスト教の結婚式」も人気を博さないはずだ。

◉僧侶には頑張ってほしい

一部の心ある有志僧侶は、行動を起こしている。とくに先般、築地本願寺で開かれた超宗派の仏教イベント「TOKYO BOUZ COLLECTION」（二〇〇七年一二月一五日）は出色であり、大成功を収めた。仏教もまだまだ捨てたものではない。

当日は一万人を超える人たちが築地本願寺を訪れた。お経をラップにしてしまったステージあり、ダンスあり、僧侶による児童劇あり、写経・写仏あり、坐禅あり、超宗派の合同法要あり、法話あり、屋台あり、僧衣・仏具展ありという、いろいろな要素を詰め込んだおもちゃ箱のようなイベントだった。環境や教育問題に取り組む仏教系NGOも結集し、それぞれがブースをつくって活動の説明をしたり、フェアトレード商品を販売したりしていた風景も、一般人には珍しいことだったのではないだろうか。頑張っている僧侶はいるのだ。

超宗派の合同法要は、祭壇ではなく参列者に向かってお経が唱えられるという画期的なものであった（法要では、僧侶は参列者に背を向けてばかりいる）。儀式であるのかショーであるのかという是非は、今後、仏教界で議論されていくのだろうが、聴衆の多くは好感をもって、この新しい動きを受け入れていたようだ。

この日の来場者の大半は、インターネットでイベントを知ったという若い世代だ。当日のライブ映像はインターネットで配信されたのだが、主催者によると、アクセス数は一日だけで八万を超えたという。「千の風になって」が流行する一方で、仏教にはまだまだ潜在的なニーズがあるようだ。一般人のその思いに、仏教者は今後も応えていけるのだろうか。

今回の成功は、宗派を超えた若手僧侶たちが自発的に結集したためだ。もし仮に、各教団が主催・共催になっていたら、教団のエゴが前面に出てしまい、丸く収まらなかったのではないかといわれている。実際、大多数の教団や僧侶は、「教団」や「仏教界」という殻の内部から偉そうに一般人を見ているだけだ。

葬儀や予期悲嘆への関わりを取材しようと思い、何人かの僧侶（初対面）に電話をかけたことがある。まじめに答えてくれた人もいれば、「そんなことを知ってどうする！」と一喝して電話を切った人もいた。電話に出ない人さえいた。「あなたは予期悲嘆などと言うが、実際の檀務（寺院の事務仕事）は大変なんですよ」と軽蔑気味に放言する僧侶もいた。檀家のケアをすることより、檀務が優先されるのだろうか。檀家のケアは檀務ではないのだろうか。

近畿地方のある葬儀社の社長が言う。

「我々が介入できるのは、あくまでも葬儀。僧侶には、それ以前からきちんと檀家をケアしてほしいと思います。檀家ではない人も見捨てないでほしいですが、まずは檀家から。でも、檀家と寺院の関係が薄いままでは、ケアなんて成立しないかもしれませんね」

現代社会が直面した「予期悲嘆」という新たな課題に対して、宗教者とくに僧侶は、今後、なんらかの有効な処方箋を出せるのだろうか。宗教者としての真価が、いままさに問われているのかもしれない。

葬儀でお経を読むだけでは、僧侶が葬儀のなかで果たしている役割は、一般の人にはよくわからない。遺族が一番つらいとき、つまり臨終の前後にそばにいるのは病院関係者と葬儀社のスタッフである。僧侶は葬儀の準備が整ってから現れ、法話もせずにまるでBGMのようなお経を読むだけでさっさと帰っていくというパターンが多いようだ。僧侶は、遺族や本人が体験する死のプロセスのなかで、いのちにちゃんと向き合っているのだろうか。問われているのは儀礼の厳格さや読経の発声技巧ではないのだ。

悲嘆にくれている人に対する第三者の支援をグリーフケアといい、グリーフを抱える本人による行動と癒しのプロセスを、グリーフワークという。

前出の碑文谷創さんは、「お葬式は、グリーフワークの場として重要な機能を果たしてきました」と述べる。

◉お葬式と追善供養はグリーフケア

今はすっかり葬儀も個人化したが、かつては地域共同体の営みとしてあった。(中略)かつて葬儀になると共同体の成員は集まり、死者の出たことの告知から始まり、装具作り、炊きだし、と葬儀の物理的負荷を分担した。(中略)葬儀後は死穢《しえ》を忌避する意味あいもあったが、遺族は村の行事の役割分担はしなくてすみ、籠もってグリーフワーク(喪の仕事)に専心できる環境が与えられた。

(『死に方を忘れた日本人』前掲書)

ところが、高度経済成長期以降、日本の共同体は崩壊へと向かった。かつては共同体が担った葬儀が大きく変化した。そこで、遺族は何から何までやらなければならなくなった。葬儀は、グリーフに向き合う暇もないほど忙しいものになった。

悲嘆は悲嘆によってのみ癒される。悲嘆はその想いを表出し、悲しむという作業（＝グリーフワーク）を通じて癒される。（中略）グリーフワークが歪められたり、悲嘆が抑圧されたりすると、その悲嘆はいっそうその人を傷つける。

（同書）

雑誌『SOGI』編集長・碑文谷創さん。

伴侶を亡くした高齢者が後追い自殺をすることがあるが、まさにグリーフが抑圧され、病的な状態になった結果であろう。自死を選んだ人たちが必ずしも孤独に弱かったわけではないと思われる。いくつかの原因が重なり、彼らのグリーフが歪められてしまったのではないだろうか。その原因をつくっている一因が現代の葬儀であるならば、本末転倒の事態である。

ただし碑文谷さんは「葬儀はいま、原点に回帰しているかもしれない」とも指摘する。原点とは「弔い」だと言う。「供養」よりももっと主体的な行動であり、死者への想いが込められた言葉だ。喪家の意識の多様化にともなって葬送のかたちは違ってきているが、それぞれの行動の原点には「弔い」の心が強く意識されているというのだ。

誰かの死に際して、お葬式に出たり、故人のために祈ったり、感謝を捧げたり、追想したり、何かをしてあげたいという気持ちを焼香に託したり、霊前で手を合わせたり。そういった自然な思いや行動が「弔い」であろう。第1章で触れたように、「弔い」は「癒し」である。弔いのない葬儀では、グリーフに対する癒しは期待できないのかもしれない。

死が病院で隔離され、葬儀での遺族の忙しさも尋常ではなく、故人と遺族が濃密に関わることもなく、初七日法要も死後一〇〇日目の法要も繰り上げられて告別式の後に行われ、火葬や納骨もとんとん拍子にシステマチックに進むのが、現代の葬送事情だ。

遺族らによる生々しい感情の表出も、他人からはスマートには見えない涙も、遺体の存在感さえも葬儀の現場から追放される代わりに、葬儀からグリーフケアの役割が奪われてしまったようだ。

「こういった流れに反発が起きた結果、『密葬』に象徴される葬儀の個別化が起こり、『家族葬』という言葉が流行したのだと思います」と、碑文谷さんは語る。

◉静かなブーム、家族葬の明暗

いまや葬儀は社会儀礼化し、故人とはなんの関係もないような会葬者(故人の子どもたちの仕事上のつきあいのある人たち)が大挙して押しかける。その対応も大変なのだが、苦労はそれだけではない。会葬者という「ギャラリー」と、喪家や僧侶といった「出演者」が対峙するイベントでもある。そんな葬儀が嫌悪されるのも、無理のない話かもしれない。

そこで「家族葬」が登場した。一般的にいわれていることは、家族葬とは、家族やとくに親しい友人だけで営まれる葬儀、というものだ。だから、会葬者は必然的に少数となる(会葬者が少数というのが「家族葬」の条件ではないのだが、世間的には混同されているようだ)。

家族葬を選択すれば、故人と家族、少数の親しい者だけで永訣のときを心に刻むことができるとあって、いま、急激な広がりを見せている。

この葬儀には、宗教者が関わることもあれば、宗教者が不在で、出棺前のひとときを家族で過ごすだけ——などなど、じつは一定の形式はない。直葬との境界線もあいまいだ。「家族葬とはこういうものです」という固定化されたスタイルなど、現実には存在しない。

家族葬なる言葉は、おおむね二〇〇〇年以降に市民権を得たといわれている。そして、だいたい二〇〇五年以降、「家族葬専用」を銘打った葬儀場(斎場)が全国で次々と生まれだしたようだ。これまで、いくつかの家族葬専用斎場を取材してきたのだが、新しいものになればなるほど、「一軒屋」スタイルになっているような気がする。もちろん、建築様式としては和風あり洋風あり、ギリシャ風(?)ありと、いまの日本の住宅様式の多様さをそのまま反映しているような感じがするのだが、とにかく一軒屋、つまり「家」なのだ。

高度経済成長期以降、家父長制度に象徴される社会構造は後景化し、核家族化が顕著になった。世代でいえば団塊の世代である。社会の変化にともなって、葬儀も大きく変化してきたわけだが、ついに葬儀も核家族だけで行う時代に突入したのだろう。だが、その会場はあくまでも「一軒屋」という点が、興味深い。

家族葬が求められている背景には、少子高齢化の影響も少なからずあるようだ。本人の知人やきょうだいも亡くなっていたり高齢で葬儀に参列できないばかりか、喪主である息子も現役を退いて久しい。義理で葬儀に呼ばなければならない人が少ないこともあり、家族中心の葬儀でもよい、という事情もあるだろう。そして、喪家にも「家族だけで送る」というお葬式のスタイルは、肯定的に受け入れられている。

一方、「(実の)家族のつながり」とは違った方向を向いていると思える小規模葬の需要も、伸びているようだ。

多摩地域(東京都)のある葬儀社では最近、「会葬者はふたりだけ」という「家族葬」を施行した。その葬儀の担当者が説明する。

「故人様は、八八歳で亡くなったお婆さんでした。旦那さんを亡くしてからもう長いことたっていて、お子さんはどこか遠い地方に住んでいるということでした。生前に葬儀の相談を受けたのですが、『住み慣れた場所を離れて、わたしが子どものところへ行くのには抵抗があります。葬儀をしてもらうことで子どもたちに迷惑をかけたくない。わたしは葬儀をこの町でやってほしいのですが、子ども夫婦も忙しいし、孫もわたしを知らない。わたしの葬儀に呼んでも、迷惑をかけるだけです。友だちももうみな生きていない。お金もあまりないので、わたしが死んだら、家族葬をやってほしい』とのご相談でした」

たしかに葬儀は、遺族（もしくは第三者）にとっては大変な作業である。大変だからこそ、心に刻まれる作業であったと思うのだが、いまやそれを「迷惑」という言葉で理解する親と子が、かなりの数になっている。

彼女は「家族葬」を指定した。だが実際の式の内容は、一般的な葬儀と同じだった。ただ、会葬者がちょっと変わっていた。まずひとり目は、長年、お婆さんの担当だったホームヘルパーさん。そしてふたり目は、やはり同じくお婆さんが長年お世話になった接骨院の院長さん。そのふたりだけだった。子どもは来なかった。呼ばなかった、とも言える。

祭壇は質素なものにした。葬儀代は、食事代を含めて二〇万円だった。

読経は、葬儀社のスタッフで、僧侶の資格を持っている人が唱えた。お布施は現金ではなく、「葬儀後の御斎《おとき》（法要後の食事）にご招待されました」と、そのスタッフは笑顔で回想している。

お婆さんの遺影を囲み、三人で静々と食事をしたのだそうだ。

「それは、これまで『福祉葬』と呼ばれてきた、身寄りのない人の葬儀と同じではないですか?」とわたしが聞くと、その担当者は、

「いいえ。ご本人が積極的に、生前にこういう葬儀をしたいと希望して、本当に会葬してもらいたい人だけに来てもらっている点が福祉葬とは違います」と答えている。

なお、彼女の遺骨は、永代供養《えいたい》をしてくれる寺院の地下納骨堂に預けることが生前決められていたので、納骨までを葬儀社がお世話した。

こういった葬儀もいま、「家族葬」と呼ばれているそうだ。

◉社会に閉じられた家族葬

一方、葬儀の業界内部にもいろいろな意見があり、家族葬という名称のひとり歩きに疑問を感じている人も少なくはない。「有限会社佐藤葬祭」(東京都世田谷区)の社長・佐藤信顕《のぶあき》さんもそのひとりだ。

「家族葬ってなんでしょうか。やることはふつうの葬儀と一緒です。規模が小さいだけの葬儀なのに、『家族葬』なる新機軸の葬儀があるような〝フリ〟をしている業者が多いと思います」

佐藤さんによると、これまでの葬儀には決まったフォーマットがあった、と言う。

「それが崩れてしまって『なんでもあり』になりました。たとえば以前は『密葬』が流行りました。これは社会に対して開いていない式でした。それがいまでは、親族に対してさえ開いていない『家族葬』の人気が高い。ただし、遺族たちの持つ弔いの心というものは、昔も今もたいして変わっていないと思います」と、佐藤さんは分析する。

「家族葬の魅力を葬儀社は、『家族水入らず』『温かい』『ゆったりとしたお別れ』などと宣伝しています。しかしその裏には、価格の安さや第三者に煩《わずら》わされない気楽さを喪家側が求めている心理も見え隠れするようです」

死者を自分たちのそばで弔いたいという願望があるものの、安さや気楽さを求めるために、葬儀を、社会や親族に閉じている一面もあるというのだ。

葬儀に社会性を持たせないことは、むしろ遺族から死者を悼む時間を奪ってしまうのではないか、と佐藤さんは危惧《きぐ》する。

「家族葬や直葬を選択すると、葬儀後も親戚や知人などからの電話や訪問がいつまでも続くのです。ふつうに葬儀をやって、一度にみなさんに来てもらったほうが、そういう事態は避けられます。葬儀で楽をしたいなら、逆にフォーマットを活用するほうがいいのではないでしょうか。そうすれば、グリーフケアの時間はもっと確保できるでしょう」

ただし佐藤さんは、家族葬を含む密葬や直葬という新しい流れを否定しているわけではない。

先に述べたように、葬儀を担う「家族」がいなかったり、家族が分解しているというケースもあるからだ。

「お客様の考えとサイフの中身を尊重した葬儀であればいい。いろいろな意味で、お客さんを不安にさせる葬儀はよくないと思います」

◉ブツダン——死者に語りかける場

無宗教葬や直葬で肉親を送ったものの、「その後」どうしていいのかわからない、という遺族が少なくないらしい。自分の死後、「何もしなくてもいい」「宗教など不要」「子に迷惑をかけたくない」「お金がない（かけたくない）」などの理由から、本人が直葬や無宗教葬を望むことが多いようだが、もしも宗教を否定しているのなら、死後の追悼行為など本来は無用なのではないだろうか。

そのようなケースでは、時間がたつにつれて「なにかをしなければ」とか、「なにかをしてあげたい」という思いを抱くようになる遺族が少なくないそうだ。彼らは、誰に相談するのだろうか。

第4章で紹介した千葉県八千代市の株式会社安宅は、仏壇店も営んでいる。店長の礒野利夫さんが、こう語る。

「最近二カ月では、一〇件ほど、ご遺族から相談を受けました」

相談の内容は、「死後の祀り方・供養の方法」についてだ。正確にいうならば、相談に訪れた人たちに、「供養」といった明確な意識はない。だから、寺院には相談しない。

磯野さんは、仏壇店を任される以前はお葬式の部門に配属されていた。前歴では、いろいろな種類の葬儀を経験し、そして数多くの式の前後で、遺族と関わってきた。だからこそ、「位牌をつくりなさい」とか「仏壇を買いませんか」などという安易なセールスはしない。

無宗教葬や直葬を選んだ人たちであるから、宗教的な意識は低い。そのため、宗教を前提とする商品のセールスを控えるという理由もある。だが、それだけではない。

「こちらも商売ですから、仏壇が売れればそれでいいのですが、お客様が答えを出すまでの過程というか、考える時間が大切だと思うのです。その過程に寄り添うのがわたしたちの仕事かもしれません」と磯野さんは述べる。

解決策を示してしまえば、相手は考えることをやめてしまう。仏壇を買うのが経済的に困難という人たちもいる。そんな彼らが「仏壇は買えないけれど、位牌を安置する場所は、やはり家のなかに欲しい」という結論を導き出した場合には、「自宅の棚をそのまま利用したり、押し入れを少し改造すれば、仏壇の代わりとして機能する場所になるのではないですか」と提案することもある。

決して答えを押し付けず、遺族の「なにかしたい気持ち」に寄り添いながら、じっと話を聞く。磯野さんの姿勢は、彼が特定の宗教の代弁者ではないからこそ可能になっていると思われる。葬儀社スタッフによるグリーフケアの一例であろう。というのも、宗教者が「死後の追悼」について語るときは、どうしても自分の教団の用意した教義や儀式の方法を語ることになってしまうため、その信仰を持たない人には、受け入れられない可能性がある。

「仏壇のなかった家が、葬儀をきっかけに仏壇を買うことは珍しいことではありません。わたしとしては、クリスチャンの方にもお店に来ていただきたいと思っています」と磯野さんは言う。

実際、仏教色が薄く、箪笥の上に載せられるような小型の「仏壇」も発売されている。いま、全国的にこういった仏壇（モダン仏壇とかインテリア仏壇、ミニ仏壇といわれるもの）の人気が高くなっている。手許供養と同じく、仏壇も多様化しながら、命脈を保っているのだ。

仏壇は、仏教徒の専売品ではない。じつは、民族を超えて受け入れられるものであるようだ。知人の家には仏壇があるのだが、彼はクリスチャンの外国人と結婚した。

彼女は、はじめは仏壇を嫌がっていた。「わたしには理解できない代物」ということであったが、次第に考えが変わったようで、最後は「この場所で、日本人は死者に語りかける。これは、素晴らしいグリーフワークです」と評価し、受け入れていた。

たしかに日本人の遺族は、仏壇に向かって、故人に話しかける。遺影を見ながら咽《むせ》び泣くこともあるだろうし、今日一日の出来事を話しかける人もいるだろう。

故人に手を合わせたり、線香や供物を捧げるという行為をできる場所が家庭のなかにあるということは、死の受容にとって好ましい作用を持っているように思われる。

◉マンション坊主が受け止める弔いの心

仏教界には、寺院に所属せずに活動をしている僧侶がいる。彼らを評して「マンション坊主」という。「派遣僧侶」とも称される。葬儀社などから派遣されるためだ。なかには無資格の〝僧侶〟もいるそうだが、多くは、それぞれの教団が発行する資格を持っている。おもな収入源は葬儀社や石材業者に紹介してもらう法要……という人が少なくないので、仏教界のなかでも「下」に見られているらしい。なかには、そんな僧侶を何人も「抱え」、お布施のなかから高額なバックマージンを徴収している葬儀社もあることは、一般の人もそろそろ気づいているだろう。水面下の癒着の構図がマスコミによって暴かれつつある現在、葬儀社や僧侶への風当たりが強くなるのは避けられない。だが、マンション坊主と話をすると、きちんと先を見据えて活動している人もいることがわかる。

神奈川県内の自宅を「寺院」と称し、ここを拠点に活動していた田町俊三さん（仮名、故人）も、葬儀社や霊園業者から紹介される葬儀や納骨法要、追善供養に携わり、生活していた。紹介される喪家や施主というのはほとんどが地方出身であり、故郷の寺とは疎遠になっていたり、菩提寺という言葉も知らない人たちが多かったそうだ。

彼らが首都圏に移り住んできて歳月を重ねると、困るのは葬儀だ。無宗教を希望する人は少ない。別に仏教にシンパシーはないが、遺族の会社関係の人たちが葬儀に出席したりするので、あまり奇抜なことはできない。消去法的な選択の結果、仏式が選ばれることになるのだが、菩提寺や檀那寺がない。そこで、葬儀社に僧侶の紹介を依頼する——というパターンになる。

田町さんに、「いつまでマンション坊主を続けるのか」と聞いたことがある。そのとき彼は、「アパート坊主だよ」と自嘲気味に答えてから、ひどく真面目に、「葬儀社の紹介で葬儀をするのだが、そのときだけの関係じゃないんだ。心を込めてお勤めをちゃんとやらせてもらって、法話もする。すると、追善供養の申し込みが来る。もともと菩提寺のない人たちだから、お盆法要だって頼まれるんだ」と答えてくれたものだ。

遺族たちとのつながりが増えると、公民館などの場所を借りて、遺族らを相手に彼は写経会を開始した。そのうち、メンバーのなかから生前受戒を希望する人も出てくるようになった。地縁や血縁とも無縁の、遺族会のようなコミュニティが新たに形成され、最終的には神奈川県内に、新しい寺院を建てた。

この寺院に対しては、石材業者からの資金提供があった。いま、霊園開発の許可を受けられるのは原則として宗教法人だけである。石材業者は、宗教法人を〝傘下〟に置くことで、実質的に霊園開発を手がけられる。だから、彼の寺院建立には多少の裏事情があったことは事実だ。

だが、法要や写経を通して、田町さんが懸命に遺族の心のケアをしていたことを、わたしは知っている。これを、都市開教もしくは都市布教という。

◉弔いは、いのちをつなげる接着剤

寺院の完成直後に、田町さんは四〇代の若さで急死した。寺院建設の心労は、いのちを奪うほど過酷なものだったのだ。彼の本葬は、地方のある寺院で行われた。遺児はまだ三歳だった。夫人は憔悴しきっていた。冷たい雨が降っていた。

遺影のなかの彼は、笑顔だった。その笑顔を見ていると、亡くなる前、希望に満ちた顔で彼がこんなことを語っていたことが思い出された。

「無宗教で葬儀をやったり、葬儀をなんにもやらなかった遺族から、死後に位牌をつくってほしいとか、戒名を授与してほしい、追善供養をやってほしい、という依頼が増えてきている。散骨したのに墓をつくりたいという遺族もいる。遺族が故人と向き合うための設備なり場所が、やはり必要になるんだ」

伝統的な葬儀を否定した人たちが、葬儀をきっかけに、死者に思いを馳せるためのアイテム(道具)を求めるという事実は興味深い。そういうことに思いを寄せるきっかけがなかっただけなのかもしれない。

以前の葬送儀礼は、共同体が担った。だから、誰であれ共同体の一員として社会生活を送っていれば、「死のリアル」のともなう葬送儀礼に遭遇する確率は高く、その意味や意義、弔うという習慣を受け継ぐことができた。しかしいま、共同体は崩壊した。さらに、わたしたちの死は病院のなかで孤立し、看取りという人間的な営みは奪われ、葬儀も、社会に対して閉じられてしまった。その一方で情報として記号化された死は、社会にはあふれかえっている。葬儀からはグリーフを癒す仕組みが薄められ、宗教者はいまだ有効な処方箋を手にしていない。

「千の風になって」が象徴する葬送儀礼の揺らぎ。今後もますます変化は起こり、新しい形式の葬送儀礼が生まれてくるだろう。しかしそれでもその中核には「弔いの心」が位置するのではないだろうか。家族葬という名の葬送儀礼が普及すれば、弔う人は少数ということが常識になっていくこともありえるだろう。だが、あくまでも家族「葬」なのである。つまり葬儀を捨てたわけではないのだ。

弔いの心がある限り、かたちはどうあれ、葬儀は受け継がれていくと思われる。弔いの心をかたちにしたものこそが、葬送儀礼だからだ。

弔いは、逝く人と送る人のいのちをつなげる。そして、弔いがあれば癒しがあり、癒しがあれば安心がある。弔うことで、死から生が見えてくる。第三者の弔いを受け入れ、社会とつながることで、死に社会性が生まれ、グリーフを抱える遺族を危険な孤立から救う。

弔いは、人々のつながりのきっかけでもあり、接着剤なのかもしれない。

エピローグ——死を抱擁する場所

あなたは、自分の葬儀になにを求め、愛する人の葬儀になにを求めるのだろうか。葬儀というものは、きわめて主観的なセレモニーだ。とくに、価値観の多様化が、なだれのような葬儀の揺らぎを引き起こしている昨今の日本では、もはや葬儀に定番のかたちなどないのかもしれない。だから、右記に対する答えは、おのおのが考えなければならない。

ではわたしは、どんな葬儀に価値観を持っているのかというと、じつはわたしもわからない。そこで、少々私的な話題であるが、忘れえぬ葬儀の思い出を書いてみたい。

父の葬儀から一週間後、親しくさせていただいていたルイス・マルティネス神父が死去した。二〇〇七年三月七日、宿泊先のイエズス会ロヨラ・ハウス(東京都練馬区)での帰天《きてん》だった。死因は心不全。七七歳だった。

マルティネス神父はスペイン生まれ。戦後のカトリック教会の日本布教を担うため、一九五三年に日本へ赴任。のちに上智大学で教鞭を執った。経験からもわかるように、神父は日本語が堪能で、その語学力(スペイン語・日本語)を評価され、一九六四年にペルーへ赴任。日系人の心の助言者として、三五年間の長きにわたって布教に従事した。数多くの結婚式や洗礼を行った。記憶が間違っていなければ、たしか一万人以上の日系人を洗礼したと言っていた。私の妻や二人の娘もパドレに洗礼してもらっていた。

日本語では、「神父様」と呼びかけるのだが、スペイン語ではパドレ（神父）という。わたしはいつも、「パドレ・マルティネス」と呼びかけていた。パドレには「父」という意味もある。だからわたしは、「マルティネス父さん」と呼んでいた。パドレは、わたしの父と同じ歳だった。わたしはカトリックの信仰を持っていないが、わたしにとって、神父は慈父そのものだった。

二〇〇〇年以降は、再び日本に赴任した。群馬県や栃木県など、出稼ぎのペルー人が多く住む場所へ、精力的に出かけていた。同時期にペルーから戻ったわたしは、その手伝いを少しだけしていた。

まさか、神父が亡くなるなど、思いもよらなかった。体が弱くなったとはおっしゃっていたが、入院する数日前に電話をいただいたとき、声がしっかりしていただけに、とてもではないが、信じられなかった。

なにより、父の葬儀で放心状態に陥っていたから、衝撃は非常に強かった。

頭を強打されたような精神状態のまま、わたしはふらふらと、パドレの葬儀に出かけた。

三月一〇日、ＪＲ四谷駅の階段を上ると、一点の曇りもない快晴だった。虚脱感に支配されないように意識を強く持ちながら、上智大学に隣接する聖イグナチオ教会のマリア聖堂へ向かった。祭壇に遺影はあったが、柩はなかった。開式の少し前に、遺骨が到着した（ある事情があり、骨葬だった）。わたしはもう、涙が止まらなくなっていた。

開式後は、嗚咽の声を押し殺して聖堂の隅で突っ立っているのが精一杯だった。ミサは日本語だったが、参列者の多くは日系人を含むペルー人だった。彼らもみな、泣いていた。それを笑う人は、このコミュニティには、絶対にひとりもいない。

わたしは、父の葬儀では司会をやったりしていたので、余計に気が張り、泣く余裕などなかった。ところがこの日は、ハンカチで拭き取った涙と鼻水が絞れるほど、泣いた。パドレの葬儀ミサで、父のときの分もまとめて泣いたのかもしれない。

それから数日のあいだは、不意に涙があふれることがあったが、いつしかそれも過ぎると、心は澄んだ湖水のように穏やかな状態になった。「死」のダメージから回復するには、「死」を受け入れるしかないといわれる。だから、めいっぱい泣いて、悲しみをさらけ出してしまったほうが、精神的にはいいのかもしれない。

わたしはパドレ・マルティネスの葬儀ミサに出ることによって、葬儀の持つ大きな癒しのちからを、自分自身の体験としてはじめて実感したような気がする。父の葬儀のときは、なにも感じられなかった。感覚が麻痺していたのだろう。

葬儀をしなくてもいいという人に、無理に葬儀をすすめる気はない。ただ、葬儀の持つちから、弔うということの意味をわずかでもいいので実感してもらえたら、望外の喜びである。

わたしたちのまわりには、情報としての死は氾濫しているが、死のリアルを感じる機会は、それほどあるわけではない。

地域の共同体が崩壊したいまとなっては、身近に、葬儀の意味を教えてくれるような、人生経験が豊かなお年寄りもいない。氾濫する情報をさばく眼力は、わたしたちに残されているのだろうか。

だが、希望はある。幸いなことに、手許供養は受け入れられ、「千の風になって」が語る世界や死者との交流を、人々は肯定的にとらえている。ということはつまり、わたしたちには、弔いの心はあるのだ。崩壊の危機に直面しているのは、葬儀や仏教といった「容器」のほうなのかもしれない。

主要参考文献・資料

❖単行本・冊子

碑文谷創『死に方を忘れた日本人』大東出版社　二〇〇三年
碑文谷創『新・お葬式の作法――遺族になるということ』平凡社新書　二〇〇六年
北村香織編『小さなお葬式』小学館　二〇〇六年
窪寺俊之『スピリチュアルケア入門』三輪書店　二〇〇〇年
谷山洋三、窪寺俊之、伊藤高章『スピリチュアルケアを語る――ホスピス、ビハーラの臨床から』関西学院大学出版会　二〇〇四年
ヴラジミール・ジャンケレヴィッチ、原章二訳『死とはなにか』青弓社　一九九五年
藤腹明子『看取りの心得と作法17カ条』青海社　二〇〇四年
川越厚『家で死にたい――家族と看とったガン患者の記録』保健同人社　一九九二年
パラグアイ日本人移住五十周年記念誌刊行委員会『パラグアイ日本人移住五十年史――栄光への礎』一九八七年
小池喜孝『常紋トンネル――北辺に斃れたタコ労働者の碑』朝日新聞社　一九七七年
太田宏人『曹洞宗慈恩寺（ペルー共和国）位牌リスト』曹洞宗宗務庁　二〇〇一年

安克昌『心の傷を癒すということ――神戸……365日』作品社　一九九六年
関敬吾編『日本人物語5――秘められた世界』毎日新聞社　一九六二年
ラフカディオ・ハーン、平井呈一訳『心――日本の内面生活の暗示と影響』岩波文庫　一九七七年
小泉節子、小泉一雄『全訳小泉八雲作品集　第十二巻――思い出の記・父「八雲」を憶う』恒文社　一九六七年
柳田國男『柳田國男全集　13』ちくま文庫　一九九〇年
鷲田清一『教養としての「死」を考える』洋泉社（新書y）二〇〇四年
松濤弘道ほか『日本仏教の危機と未来』仏教タイムス社　二〇〇七年

❖関連記事・論文・資料

『週刊仏教タイムス』仏教タイムス社
『SOGI』表現文化社
得丸定子、川島名美子「ペットとペットロスに関する比較文化的一考察」二〇〇五年
地球生物会議、動物実験廃止・全国ネットワーク、生きものSOS　地球生物会議（ALIVE）「全国動物行政アンケート結果報告書　平成17年度版」二〇〇七年
「スピリチュアルケアを標榜する診療所――トータルケアとしての在宅医療の実践／たんぽぽ診療所（静岡県静岡市）」『Home Care MEDICINE』二〇〇六年夏号
「Japan's Pet Industry」『Invest Japan』No.8, by JETRO（日本貿易振興機構）二〇〇五年春号
新潟県立がんセンター新潟病院有志「いのちをめぐる連続講演会」（二〇〇五年～）

著者紹介

太田宏人（おおた・ひろひと）

ノンフィクションライター。テーマは移民、葬儀、終末医療、宗教。おもな媒体は『ＳＯＧＩ』（表現文化社）、『週刊仏教タイムス』など。ペルーの日系人向け日刊紙「ペルー新報」元日本語編集長。著書に『知られざる日本人——南北アメリカ大陸篇』（オークラ出版）など。

いのちを見つめる　5

逝《ゆ》く人《ひと》・送《おく》る人《ひと》　葬送《そうそう》を考《かんが》える

2008年3月19日　第1版第1刷発行

著者…………太田宏人
発行者………岡部　清
発行所………株式会社　三一書房
〒154-0001 東京都世田谷区池尻2－37－7
電話 03(5433)4231
FAX 03(5712)4728
振替 00190-3-84160
URL: http://www.san-ichi.co.jp/

編集協力…………………杉村和美（ワーカーズコープアスラン）
林　浩之（メディア・コンチェルト）
装丁・本文デザイン……美柑和俊［MIKAN-DESIGN］／小川かおり
印刷・製本………………株式会社　暁印刷

ISBN978-4-380-08504-8 C0036

●シリーズ●

いのちを見つめる

〈死〉を見つめることは
〈いのちとは？〉の問いに向き合うこと
——いのちに寄り添う人々をリポートする

1
介護施設で看取るということ
介護施設は終の住み処となり得るか——逝く者、看取る者、そして家族との関係性を探る。
甘利てる代 Teruyo Amari

2
自殺したい人に寄り添って
なぜ自死するのか？ 生みだす社会の病巣と、死を食い止めようとする人たちを活写する。
斉藤弘子 Hiroko Saito

3
在宅ターミナルケアを地域で支える
「家で死にたい」という思いに寄り添い、地域ホスピスケアに関わる人々をリポートする。
松田容子 Yohko Matsuda

4
遺された人びとの心の声を聴く
親・子・伴侶など、大切な人の死と向き合う「悲嘆」からの「再生」の姿を描く。
中島由佳利 Yukari Nakajima

5
逝く人・送る人 葬送を考える
人はなぜ葬儀を行うのか。死者との別れの儀式を通して「生と死」を考える。
太田宏人 Hirohito Ota

別冊
いのちとの対話
読者とのコラボレーションにより、これからのいのちのケアのあり方を探る。